Manual de los buenos modales

I0119023

Roberta Bellinzaghi

Manual de los buenos modales

dve
PUBLISHING

A pesar de haber puesto el máximo cuidado en la redacción de esta obra, el autor o el editor no pueden en modo alguno responsabilizarse por las informaciones (fórmulas, recetas, técnicas, etc.) vertidas en el texto. Se aconseja, en el caso de problemas específicos —a menudo únicos— de cada lector en particular, que se consulte con una persona cualificada para obtener las informaciones más completas, más exactas y lo más actualizadas posible. EDITORIAL DE VECCHI, S. A. U.

© Editorial De Vecchi, S. A. 2019
© [2019] Confidential Concepts International Ltd., Ireland
Subsidiary company of Confidential Concepts Inc, USA
ISBN: 978-1-64461-985-8

El Código Penal vigente dispone: «Será castigado con la pena de prisión de seis meses a dos años o de multa de seis a veinticuatro meses quien, con ánimo de lucro y en perjuicio de tercero, reproduzca, plagie, distribuya o comunique públicamente, en todo o en parte, una obra literaria, artística o científica, o su transformación, interpretación o ejecución artística fijada en cualquier tipo de soporte o comunicada a través de cualquier medio, sin la autorización de los titulares de los correspondientes derechos de propiedad intelectual o de sus cesionarios. La misma pena se impondrá a quien intencionadamente importe, exporte o almacene ejemplares de dichas obras o producciones o ejecuciones sin la referida autorización». (Artículo 270)

Índice

La época actual es compleja, los límites de una relación
«adecuada» con lo que nos rodea se vuelven cada vez más
confusos y a veces nos preguntamos: ¿acaso todo está permitido?
Lejos de pretender dar una respuesta de carácter ético o psicológico,
no podemos dejar de constatar cuánta necesidad hay de una
referencia, al menos por lo que se refiere a las reglas para una
convivencia agradable.

La expresión buenos modales parece trasladarnos a una época
distinta, casi perdida en el tiempo. Una época en la que cada uno tenía
asignado un papel en el que se reconocía y al que se adaptaba. ¿Hasta
qué punto ha cambiado todo eso hoy en día? ¿Acaso no es sólo la
superficie la que se ha encrespado dando una ilusión de movimiento?
¿Cuánta conciencia ha alcanzado en realidad el hombre de la sociedad
occidental sobre sí mismo y sobre quienes comparten su camino?

Compartir es una palabra «fuerte» y muy usada, pero sobre la
que no se reflexiona lo suficiente. Se ha avanzado mucho desde
la época en que el buen tono era la medida para dividir a los
«buenos» de los «malos», y aún falta avanzar mucho más antes de
aprender a aceptar a quienes no son iguales a nosotros.

Se nos puede preguntar entonces qué utilidad pueden tener los
buenos modales en un momento de inestabilidad como el actual en
el que se proclama: «¡La formalidad ha muerto, viva la
informalidad!». Tal vez sea necesario partir de un dato concreto: sin
formalidad alguna no podemos reconocernos; encerrados en los
límites de la formalidad corremos el riesgo de sofocarnos. Una vez

más, sólo el equilibrio de la justa medida, del punto intermedio, puede tratar de dar una respuesta inmediata.

Los buenos modales deben considerarse en su conjunto, sin buscar en ellos sólo una serie de normas ya trasnochadas que se presten con facilidad a la acusación de «hipocresía». Sólo tienen la función de ayudarnos en la búsqueda de una armonía, un equilibrio entre nosotros y los demás, haciendo uso también de esas formalidades exteriores, sin duda no esenciales, y sin embargo útiles para un autocontrol de nuestros impulsos, que están muy lejos de poderse confundir con la simple espontaneidad.

Nuestro «interior» y nuestro «exterior» no son opuestos sino que se superponen y forman esa plenitud, a ser posible armoniosa, que llamamos ser humano. Así pues, los buenos modales consisten en una actitud que no resulta vacía, sino que nace de la conciencia de que nunca conoceremos el misterio profundo que regulará sus consecuencias.

A veces, un pequeño gesto inesperado de «amor» por parte de otro nos produce de improviso una sensación de estupor y maravilla, casi como un pequeño milagro. La atención por una necesidad, la palabra amable en el momento adecuado, la participación en una alegría o un dolor, la comprensión de un «error», así como ser recibido en una casa acogedora y escuchado en un momento difícil, sentarse a una mesa y hallar una sonrisa donde esperábamos indiferencia... Todo eso son los buenos modales hoy en día: algo que nos ayuda a vivir. No una serie de normas a las que hay que atenerse, sino una referencia que nos ayuda a no olvidar ese respeto fundamental que cada uno se debe a sí mismo y a los demás y, precisamente porque se compone de pequeños detalles, nos recuerda que nuestra vida cotidiana está ahí, presente, en cada instante de la vida.

En definitiva, sólo el momento que estamos viviendo nos pertenece de verdad; el instante pasado ya no existe, el futuro aún debe nacer. Así, vistos bajo esta luz, el gesto, la actitud y el comportamiento del momento presente revisten una importancia que quizá no se tiene en cuenta lo suficiente.

El placer
de la casa

*Cada casa es un candelabro donde la vida
de los hombres arde como velas aisladas.
(Jorge Luis Borges)*

Para cada persona la casa debería representar el «refugio», es decir, un lugar donde poder disfrutar de la seguridad de un espacio propio en el que vivir en armonía consigo misma y con los seres queridos.

No cabe duda de que quien vive solo puede moverse con toda libertad y concederse esas pequeñas «manías» deliciosas que cualquier miembro de una familia numerosa le envidiará (¡aunque tampoco él puede hacer todo lo que quiera!). Distinta es la situación de quien convive con otras personas. En este caso será necesario esforzarse un poco más.

Entonces habrá que recordar que la propia libertad debe dejar espacio también a la de los demás, haciendo todo lo posible para expresar con sinceridad las propias necesidades y escuchar las de los demás, y para encontrar un justo equilibrio entre unas y otras.

No será difícil si sabe mostrarse tolerante con usted mismo y con quienes viven con usted. Y si en ocasiones la convivencia le resulta difícil y se culpa de algunos errores, sepa sonreír y perdonarse.

De esta forma sus relaciones adquirirán una ligereza que le permitirá sonreír también ante las inevitables «carencias» de los demás y perdonarlas. Su casa es, sobre todo, el lugar donde se siente aceptado y comprendido.

Niños

Al observar a los niños, a veces se puede tener la impresión de estar violando un mundo encantado donde el adulto no tiene derecho de acceso. Hoy en día, gracias a los estudios sobre psicología infantil, se puede dar una interpretación más profunda y correcta de los comportamientos de los niños y, por consiguiente, intervenir con mayor conciencia en su formación. Por lo demás, es bien sabido lo importantes que son los primeros contactos de los niños en la formación de lo que será la personalidad del adulto.

Desde luego, no conviene asustarse, consultar libros o acudir a un psicólogo con cada pequeño problema. Desde que el mundo es mundo, los padres han encontrado la capacidad de educar a sus hijos, pero, ya que la ciencia lo permite, no vendrá mal algo de información adicional. No faltan medios de divulgación y además son de fácil acceso: le sorprenderá lo interesante que resulta descubrir cuántos secretos esconden en su corazón los niños.

> ## NO ENSEÑÉIS A LOS NIÑOS
> No enseñéis a los niños
> cultivad vosotros mismos el corazón y la mente
> estad siempre a su lado
> confiad en el amor, lo demás no es nada.
> (Giorgio Gaber, de No enseñéis a los niños)

En cualquier caso, para los padres, el nacimiento del primer hijo se transforma de manera inevitable en mil pequeñas angustias. La lactancia, el llanto nocturno (¿será hambre o indigestión?), la barriguita perezosa o demasiado activa son pequeños dramas de los que se tiende a hacer partícipes a parientes y amigos, con el resultado de que cada cual da su consejo y se crea cada vez mayor confusión. La mejor actitud es no dramatizar: consulte a un pediatra (a uno solo) que se haya ganado su confianza y aténgase a sus sugerencias.

Recuerde que, desde su nacimiento, el niño es sensible al ambiente de su entorno, por lo que percibe la inquietud y la ansiedad de quienes lo rodean y se muestra inquieto a su vez.

Criar a un niño es una de las tareas más difíciles, pero también uno de los instrumentos más estimulantes que nos ofrece la vida para enfrentarnos a nuestros límites.

Adopción La adopción es una decisión de gran generosidad que requiere una particular compenetración en la pareja que toma esta decisión. El gesto de abrir la propia casa y ofrecerle a un niño desconocido la

• Desde los primeros años es fundamental inculcarle al niño la importancia de la higiene personal. Por ello, no ceda sobre los horarios del baño ni sobre todas las ocasiones en las que hay que lavarse manos y dientes.

• Enseñe a los niños que quien les atiende no es un «esclavo». Haga que le ayuden, aunque sea poco, a ordenar los espacios que tienen asignados.

• Si por necesidad debe confiar su hijo a alguien —abuelos o canguro— no haga un drama, si no quiere que también el niño lo viva como tal. Recuerde que nadie puede privarle de su amor ni de la calidad del tiempo que podrá pasar con él. Además, es muy importante permitirle enfrentarse desde pequeño con personas y situaciones diversas.

• No considere la guardería como una sala de juegos, sino como un importante escenario para la socialización de su hijo. Aunque le parezcan ingenuos, escuche con atención sus comentarios sobre maestros y compañeros: así podrá intervenir explicando con palabras sencillas que cada persona es distinta y que es importante aceptar y ser aceptado. No justifique su falta de paciencia diciendo que los niños en edad preescolar son incapaces de comprenderle. ¡No es cierto!

H Algunos consejos

• Acompáñelo hasta el primer año de escuela habituándolo de forma gradual al concepto de deber y de gratificación personal por la obtención de un éxito, impulsándolo siempre hacia el alcance de una meta muy concreta. Premio y castigo no deben ser el principal medio para alcanzar este fin, pero si se usan con sentido común, pueden generar en el niño la intuición de su directa responsabilidad en lo que le sucede.

• A medida que pase el tiempo se reunirá cada vez más a menudo con las personas que se ocupan de la enseñanza de su hijo. Primero los maestros y luego los profesores se convertirán en motivo de comparación y, en algunos casos, de posible conflicto. Sepa vivir esta circunstancia con una sana distancia, recordando que es probable que el profesor evalúe el comportamiento de su hijo con mayor objetividad que usted. No se convierta en un «defensor a ultranza»; considere con atención las observaciones que le hagan, sabiendo obtener de ellas algunas sugerencias útiles para comprender quizá algún aspecto de su hijo que, como padre o madre, se le haya escapado. Una adecuada interacción entre padres y profesores sólo puede ser positiva, así que dosifique con sensatez sus emociones. Muéstrese lo más equilibrado posible en la opinión sobre su interlocutor, sabiendo que, como todo el mundo, tendrá algunas características que lo limiten. Por ello, esfuércese por no ponerse nunca en una posición de confrontación; más vale buscar una mutua comprensión, que dará un resultado positivo sobre todo para su hijo.

• Recuerde que su hijo necesita un papá y una mamá: una proximidad equilibrada de ambos padres es de la máxima importancia. Si la vida le ha llevado a separarse de su pareja, en ningún caso los niños deberán sufrir las consecuencias de esta decisión suya. Desde luego, no es un gesto de amor hacia ellos usarlos como arma de venganza y chantaje. ¡Su bienestar se sitúa muy por encima de los intereses de los padres!

misma disponibilidad que se le daría a un hijo natural merece recono-
cerse como un acto de valor.

Por desgracia, la burocracia, en muchos casos incluso excesiva, con el fin
de proteger al niño acaba a veces poniendo tantas trabas que le hace perder
la oportunidad de ser acogido por una familia. Sin embargo, hoy en día, gra-
cias a la intervención de diversas organizaciones humanitarias, es más fácil

LOS REYES MAGOS

La Navidad representa para los niños algo verdaderamente mágico. Los adornos de colores, el árbol reluciente, el belén... En definitiva, todo un ambiente particular en el que
se sienten inmersos.

Sin embargo, el niño no se pierde en sutiles especulaciones y, en definitiva, su ansiedad se proyecta sobre la generosidad de los Reyes Magos al conceder regalos. Regalos que, cada año, representan un auténtico quebradero de cabeza para padres y familiares, los cuales acaban siempre debatiéndose entre mil preguntas: ¿pocos pero
importantes?, ¿está bien conformarse y comprar el juguete más anunciado?, ¿muchos
y baratos para que desenvuelva más paquetes?, ¿se los ha merecido?, ¿hay que dárse-
los como algo obligado o hacerle entender el valor de un objeto que ha costado sacri-
ficio a otros?, si el regalo de por sí representa algo gratuito, ¿cómo explicarle que su
mejor amigo ha recibido más y más caros?

El enfoque por parte de los padres de la cuestión de los regalos es distinto en cada familia y depende tanto del tipo de educación planteado como de la situación económica.
Hoy en día los consejos sobre cómo relacionarse, primero con los niños y luego con los
adolescentes, son abundantes y se difunden a través de publicaciones específicas, revistas e innumerables programas de entretenimiento televisivo. ¿Qué hacer, entonces?

Lea, escuche y haga una síntesis: algunas sugerencias por parte de un experto podrían
aclararle algunas dudas. Sin embargo, una sugerencia no debe ser necesariamente un
condicionamiento, por lo que la regla básica es siempre la de valorar su caso personal
y con qué visión de la vida considera que es mejor criar a sus hijos. El tiempo de los jóvenes es el futuro, por lo que debe recordar que lo que siembre hoy dará mañana sus frutos.

tomar en consideración la posibilidad de adoptar a niños de otros países, so-
bre todo a pequeños huérfanos de guerra o a víctimas del subdesarrollo.

No hay nada más bello, para una mente abierta y sensible, que conocer
a una familia cuyos hijos pertenecen a distintas partes del mundo. En
cualquier caso preste atención para no herir la susceptibilidad tanto de
los padres adoptivos como de los propios niños, a los que debe tratarse
con la misma naturalidad y sencillez con que trataría a cualquier niño.

También es posible que a quien adopta a un niño no le guste hablar de ello, así que, si no es él quien lo menciona, nunca saque el tema. En cualquier caso, no comente delante de sus propios hijos que algún amigo suyo ha sido adoptado, ya que no sabe con seguridad cómo puede elaborar un niño esta circunstancia y, por consiguiente, con qué comentarios podría reaccionar. Si se diera el caso, puede aprovechar la ocasión para explicarles la importancia del amor, que no se limita a los vínculos de sangre sino que se manifiesta siempre que un ser humano puede dar una ayuda, una sonrisa, y devolver la alegría de vivir a quien más lo necesita.

Los hijos de los demás

También existen los hijos de los demás, no sólo los de usted. No se sitúe en la perspectiva de ver méritos y cualidades en una parte, mientras que en la otra sólo vea defectos. Con esta actitud, entre otras cosas, propone a sus hijos una visión por completo distorsionada de la vida.

Si el hijo de su vecino es movido y no pierde ocasión para hacerse oír, trate de tener paciencia dentro de lo posible. Muchas veces, recalcar cada ocasión de molestia lleva a una forma de exasperación que lo agranda todo. En caso de que la situación resulte insoportable desde un punto de vista objetivo, coméntelo con sus vecinos, pero tenga cuidado con las palabras que usa. Sea amable y deles a entender que no considera a su hijo un caso patológico. Es más, que cree que su vivacidad es un signo de agilidad mental, pero que no obstante debería amortiguarse un poco.

Cuando se encuentre con otros padres, si uno de ellos se lamenta de alguna falta cometida por su hijo, no se apresure a elogiar al suyo diciendo que nunca habría hecho lo mismo en la misma circunstancia. Aunque un padre critique a su hijo, sin duda no le gusta oír que lo critican los demás. No juzgue a los padres por el comportamiento de los hijos: si usted también los tiene, sabrá bien que muchas veces no resulta nada fácil obtener de ellos lo que se quiere. Si no los tiene, no está en condiciones de valorar qué haría usted en su lugar.

Tampoco pretenda competir con todos los padres con los que se cruza: sus hijos no deben representar un motivo de presunción para usted. Aprenda a aceptarlos como son, en lo bueno y en lo malo. No le pertenecen a usted, sino a la vida.

Reproducción asistida

El concepto de pareja no tiene por qué estar vinculado de forma automática al de hijo. Muchos optan de modo consciente por no convertirse en padres, porque no se sienten idóneos para este papel o por otros factores. En otros casos, en cambio, no se trata tanto de una decisión como de un impedimento físico, es decir, uno de los dos miembros de la pareja sufre un defecto biológico que le hace incapaz o le dificulta llevar a cabo el proceso de la procreación.

Hoy en día la ciencia ha creado una serie de increíbles intervenciones médicas que pueden superar diversas causas de esterilidad, aunque también se han suscitado algunos problemas éticos sobre las técnicas utilizadas para este fin. En todo caso, se trata de una decisión muy personal y vinculada a un sentimiento profundo mediante el cual cada uno da un valor propio al concepto de vida como manifestación de una forma de sacralidad.

No le será demasiado difícil conocer parejas que, ante la alternativa de no tener hijos, han optado por una intervención de inseminación artificial o de otro tipo. Nunca salga con exclamaciones de asombro como si se hallase ante unos extraterrestres ni con opiniones de mal gusto que, desde luego, no son cosa suya. Piense como piense, muéstrese interesado pero no curioso, y sea comprensivo ante los numerosos problemas, incluso psicológicos, que sin duda habrán tenido al tomar esta decisión.

Juzgar es siempre difícil. A veces puede ser necesario, pero en estos casos resulta imposible.

Comportamientos

Nadie puede negar que actualmente todo se ha vuelto más complejo, y sería una tontería sostener que su casa es una especie de fortaleza a la que no tienen acceso el estrés y las preocupaciones. Letras, hipotecas, puestos de trabajo precarios, recibos, cesta de la compra, etc., sin contar todo lo que la televisión le lleva directamente a su domicilio. La mente soporta ritmos notables, y no sosegadas reflexiones en la puerta de casa mientras observa el cielo...

Sin embargo, a pesar de todo esto puede tratar de vivir con serenidad, al menos en lo que respecta a su ámbito personal. En el fondo, todo cuanto le rodea sólo es una sucesión de acontecimientos en los que usted pone una etiqueta, positiva o negativa, según cómo los lea. Así pues, deje de lado, dentro de lo posible, los pensamientos molestos y disfrute al menos de unas horas de tranquilidad, si no quiere arriesgarse a hacer de su vida un ring de lucha libre. A veces bastan unas sencillas medidas y una mente flexible, dispuesta a deshacer sus propios esquemas, para transformar una ocasión

Entre formalidad e informalidad

• Si vuelve a casa cansado y, al abrir la puerta, se da cuenta de que tiene que volver a empezar, no maldiga su mala suerte; concédase un descanso y, después, que cada uno se encargue de una parte de lo que debe hacerse.

• Hoy en día también la mujer trabaja muchas horas fuera de casa, pero este es el precio que hay que pagar para disfrutar de mayor bienestar. Por ello, es inútil que se desespere lamentándose de que todo recae sobre sus hombros; resulta más práctico que implique a su pareja, con frases cargadas de buen humor, pero con determinación. Si él también se queja de que la jornada ha sido dura, es mejor repartirse las tareas imprescindibles y disfrutar de la velada programando juntos los momentos futuros que dedicar al cuidado de la casa.

• También el esfuerzo de la cocina puede compartirse: si una sola persona se ve con ánimos de ocuparse de las comidas para todos, el otro, o los otros, se encargarán de limpiar la vajilla y la cocina; también es muy práctico establecer turnos.

• ¿A quién le toca arrastrarse hasta la habitación de los niños para «obligarlos» a dormir? Parece broma, pero al final del día muchos se transformarían de buena gana en... hipnotizadores. Sin embargo, es una tarea que debe realizarse con la mayor serenidad posible, porque se trata del momento más favorable para atender las confidencias de los hijos e intercambiar con ellos algunos gestos de cariño.

• ¿Tiene en casa a un amante de la música pero usted ama el silencio? Concédale unos momentos para dar rienda suelta a su talento, siempre que no moleste a otros, y luego cómprele unos buenos cascos e invítele a cultivar su pasión en privado. Si usted lo hace con buen humor, será el primero en comprender sus necesidades.

• La forma de llevar la economía doméstica es hoy en día motivo de posibles roces. Antiguamente era sobre todo el hombre quien satisfacía las necesidades económicas de la familia, responsabilidad que hoy en día comparte a menudo con su esposa o compañera. ¿Cuál de los dos se encargará de llevar las cuentas? Como en casi todas las situaciones, deberá prevalecer el sentido común, y cada uno se regulará según sus actitudes y necesidades. De todos modos, siempre es preferible ponerse de acuerdo primero que discutir después. En cualquier caso, un consejo podría ser el de tener una caja doméstica para los gastos comunes.

• Si la mujer se encuentra, por decisión o necesidad, en la condición de ama de casa, que no se deje llevar por el complejo de «maruja». Aunque los roles prevén tareas distintas, su función es siempre la misma, y tanto la mujer que trabaja fuera de casa como la que se ocupa de la familia tienen, en primer lugar, un deber hacia su propia femineidad. Traducido a la práctica, esto significa que el cuidado hacia ellas mismas y el respeto por su función son idénticos, entre otras cosas porque ambas labores revisten, de forma distinta, la misma importancia. Por esta razón, ni siquiera una madre que debe correr entre el colegio y el súper, afanarse entre ollas y pucheros y mantener limpia y acogedora la casa no debe desentenderse de su propio aspecto ni caer en la tentación de descuidarse a sí misma suprimiendo su propia personalidad.

de angustia, si no exactamente en una sonrisa, al menos en sosiego.

La vida en común presenta para todos, inexorablemente, unos límites que deben respetarse, pero ello no debe convertirse en una excusa para descargar en los demás la propia frustración en los momentos difíciles. Por ello, no es leal echar en cara a quien vive junto a usted las experiencias difíciles vividas juntos subrayando quizá los sacrificios hechos. Antes de expresar su rencor, trate de escuchar: se dará cuenta de que también el otro, o la otra, tienen sus razones.

Trate de no crear en su interior el pensamiento repetitivo: «No puedo más». De lo contrario esta actitud mental le impedirá de verdad evaluar con calma y objetividad la situación, considerándola momentáneamente difícil pero, con toda probabilidad, superable.

En la casa no debe faltar cierta complicidad entre quienes viven en ella. La confianza es un gran recurso, pero hay que saberlo conquistar. Muéstrese abierto a las demandas de ayuda de quien vive con usted y aprenda a sonreír con ternura ante sus limitaciones. Cuando sea usted quien necesite esa ayuda será correspondido con idéntica comprensión.

Costumbres: los «ritos» domésticos

Cuando se habla de rito, pensamos enseguida en algo vinculante y complicado, y la fantasía se proyecta en ambientes y ceremonias de connotaciones oscuras y mágicas. Hoy en día casi todas las personas conocen el valor psicológico de los actos rituales y su simbolismo, pero difícilmente se dan cuenta de cuántas veces ellas mismas son artífices de una ritualidad sencilla. Estos momentos, cargados de un significado particular, salpican las jornadas de todos, sobre todo dentro de las cuatro paredes de casa, donde es más fácil establecer cierta repetición de horarios y hábitos. Sobre todo para los pequeños, aunque no sólo para ellos, las costumbres pueden convertirse en fuente de agradables recuerdos si van unidas a gestos de ternura y afectuosa complicidad.

Los pequeños «ritos» de los que estamos hablando se relacionan sobre todo con las comidas, las pausas de ocio, el primero y el último saludo del día. Sin embargo, evite caer en la «disciplina de colegio»: todo debe mantener su espontaneidad para no transformar un gesto en una obligación.

Aunque tenga prisa, trate de alegrar la mesa de cada día con unas flores o un detalle de colores alegres. Al niño, por ejemplo, le gusta hallar en «su» sitio la taza, el vaso o el plato que «le pertenecen». Por la mañana procure desear un buen día cargado de optimismo, así como unas buenas noches a la hora de acostarse, todo ello acompañado de un gesto afectuoso: parecen pequeñas cosas ¡pero producen efectos sorprendentes!

Los momentos compartidos son importantes, pero no olvide procurarse algunos espacios de autonomía para usted solo durante los que pueda ocuparse de aquello que le haga sentir bien. Si no lo hace, en el placer de convivir con su pareja o familia podría introducirse, a medio o largo plazo, una especie de impaciencia. Como es natural, sepa respetar esta necesidad también en los demás. Compartirlo todo, a toda costa, es una utopía que puede acarrear consecuencias negativas, tanto con la pareja como con los hijos.

Familia numerosa

Al entrar en algunas casas, sobre todo si uno está acostumbrado a vivir solo o con un número reducido de personas, se siente desconcierto ante el ambiente de agradable confusión y gran libertad que reina en ellas.

La vitalidad de una familia numerosa (hablamos en este caso de tres o más hijos) es el premio para quien ha tomado una decisión de apertura radical (no olvide que también los hijos forman parte de los «otros»). Esta opción requiere una notable predisposición para la hospitalidad y un buen equilibrio personal; en caso contrario... ¡pobre sistema nervioso! Sin olvidar el peso económico que conlleva una familia numerosa.

Cuanta más gente habita en una casa, más se convierte en un crisol de diversas personalidades en el que cada cual se vierte a sí mismo, situación que requiere una buena dosis de tolerancia y colaboración. Los padres deberán tener la capacidad de adaptarse a las diferentes exigencias de los hijos, dejando a cada uno pequeños espacios de autonomía destinados a alimentar y definir sus características más destacadas. Es muy importante que cada hijo reciba su «propia» atención. Eso significa que deberá tener paciencia para acercarse a ellos de forma diferente, adaptándose a la personalidad de cada uno.

Atender con equilibrio a una familia numerosa es una tarea muy difícil, entre otras cosas porque es bien sabido que las cosas no siempre salen como uno querría, y los hijos son individuos cuyas reacciones pueden escapar a toda capacidad de control. No se sienta culpable por ello: también una pequeña sociedad como la suya está sujeta a todos los imprevistos de la convivencia.

Con el paso de los años sepa aceptar las nuevas amistades de sus hijos y no les obligue a compartirlas con los hermanos; si esto sucede podrá ser más fácil para usted mantener cierto control; en caso contrario no cree relaciones forzadas.

Como en todo grupo que se precie, dentro de su familia se instaurará de

NORMAS, NO OBLIGACIONES

Dé a sus hijos normas que nunca pesen como obligaciones, sino como deberes que cada cual debe aceptar de buen grado para el funcionamiento de su pequeña comunidad:

- salvo casos excepcionales, respeta los horarios de las comidas;
- saluda cordialmente al salir y al entrar;
- informa siempre del lugar al que vas y con quién;
- indica a qué hora volverás y respeta el horario indicado;
- el horario de regreso por la noche no admite excepciones;
- no dejes abiertas las puertas y ciérralas sin dar golpes;
- mantén cierto orden en los espacios de los que disfrutas;
- sé consciente de que es posible expresar todos los deseos, aunque no todos se pueden cumplir;
- antes de contestar mal a alguien, reflexiona bien sobre lo que quieres decir;
- no te apropies de los objetos ajenos sin pedir permiso;
- asume las responsabilidades de tus actos;
- si puedes echar una mano a tu hermano, trata de hacerlo;
- si quieres que te eche una mano tu hermano, pídeselo.

manera natural una forma de jerarquía, del mayor al menor: procure que el primero desarrolle su sentido de protección y responsabilidad sin transformarse por ello en un déspota. Si los más pequeños aprenden a confiar en los mayores, es fácil que este sentimiento dure toda la vida.

A medida que crezcan, los hijos le manifestarán cierta intolerancia: no es un problema; al contrario, es necesario. En cierto periodo de su vida sus hijos deberán situarse necesariamente en oposición, no para negarle a usted sino para afirmarse ellos mismos y poner a prueba su autonomía. Sepa comprender, retirándose lo justo para que aprendan a medirse con la vida, pero tranquilizándolos siempre con su presencia.

Hijo único

Nadie pone en duda que su único hijo es también la joya más valiosa que posee, pero recuerde que no es su caja fuerte. La vida de su hijo le pertenece sólo a él: su función es enseñarle a afrontar el mundo sabiendo que podrá contar en cualquier situación con su amor, aunque eso no significa que lo justifique siempre a ultranza.

Si vive una relación de pareja complicada, no vierta en la presencia de un hijo la esperanza de que esta puede bastar: no será él quien la resuelva; es más, en algunos casos puede volverla aún más problemática. A menudo, el hijo es motivo de un conflicto adicional entre los cónyuges y estos se olvidan con facilidad de que con su comportamiento se convierten en causa de malestar para él.

No lo «exhiba» en cualquier ocasión como un pequeño fenómeno ni lo oblige a demostrar continuamente «lo listo que es». A los niños se les debe dejar en lo posible su espontaneidad, pues de lo contrario se corre el riesgo de ligarlos a mecanismos mentales negativos.

Si de verdad quiere gozar de su hijo, no se deje apresar por su egoísmo; mantenga entre él y usted ese maravilloso espacio de libertad que también es amor.

PROHIBIDO

- [!] Hablar a los niños como si fuesen unos perritos amaestrados.
- [!] Hablar en su presencia como si no entendiesen nada.
- [!] Criticar delante de él a una persona a la que deben respeto.
- [!] Tomarles el pelo: el niño aún no es capaz de entender la ironía.
- [!] Humillarlos contando alguna travesura delante de extraños.
- [!] Permitirles la visión de espectáculos, libros o revistas inadecuados para su edad.
- [!] Dejar sin vigilancia cualquier tipo de objeto que pueda resultar perjudicial en sus manos.

Abuelos

Antiguamente era costumbre que los abuelos, y quizá también alguna tía, formasen parte del núcleo familiar. Hoy en día, sobre todo en los centros urbanos, esta convivencia es poco frecuente. La sociedad occidental ha vivido una rápida alteración de roles debido a una combinación de varios factores y, por consiguiente, también las relaciones interpersonales han experimentado una modificación importante. Periodistas y expertos en los comportamientos sociales hacen correr ríos de tinta sobre este tema, pero al final todo gira en torno al individuo y, como es sabido, cada persona es un mundo.

Que los abuelos, o uno de ellos, vivan en familia o sean independientes, si la salud lo permite, representa hoy en día una buena ayuda para los hijos y, a menudo, también una tabla de salvación cuando hay nietos que atender.

Ante la posibilidad de un trabajo o un compromiso inesperado, ¿quién no ha pensado en el tiempo libre de los padres? ¿Y cuántos abuelos, hoy más vigorosos que nunca, están casi más en forma que sus hijos?

En cualquier caso, el equilibrio resulta, como siempre, el arma vence-

---

- No coloque a sus nietos durante horas delante de la televisión.
- Si hace con ellos un poco de ejercicio, usted también se beneficiará.
- No los mime demasiado: lo querrán igualmente y no se verá obligado a dejar de mimarlos.

Algunos consejos para los abuelos H

- Hable y lea mucho con los niños: fácilmente se convertirá en su confidente.
- Estudie con los nietos un idioma extranjero: se divertirá un montón.
- No repita sin cesar cómo era usted a su edad... Los tiempos cambian.

---

dora. Por ello, es preferible no abusar ni por una parte ni por otra. De lo contrario, tarde o temprano, será fácil incurrir en intercambios de roles que darán pie a futuros celos e incomprensiones. En definitiva, un sí decidido a los abuelos, pero sin delegar en ellos lo que es competencia de los padres. Los abuelos, aunque sean joviales, no dejan de tener las características de los abuelos, por lo que tenderán a mostrarse permisivos y a «hacer la vista gorda», a veces porque están cansados, y con razón.

Sin hablar de la dramática pregunta: ¿los padres de ella o los padres de él? ¿Qué abuelo no quisiera ser el preferido y dejar su «noble» huella en el nieto? También en este dilema shakesperiano, debe saber mostrarse objetivo y evaluar cada vez lo que debe hacerse, teniendo en cuenta, por qué no, las preferencias de sus hijos. Y decida lo que decida sepa hacerlo con buen humor, sin herir la susceptibilidad de quien podría sentirse excluido de un supuesto derecho suyo. Si además los «abuelos» ya no son autosuficientes o necesitan cuidados especiales por parte de usted, recuerde que la suya es una situación muy difícil. Por ello, busque en su interior toda la comprensión que pueda esforzándose por no considerarse «víctima» del destino. La vida trae simplemente hechos y experiencias: al atenderles, dentro de sus capacidades, podrá descubrir muchas cosas interesantes de usted mismo.

Comidas familiares

La familia, entendida como célula de un cuerpo social, es la primera en notar las repercusiones de los cambios que de forma cíclica atraviesan la historia, ya sean más o menos apreciados o criticados.

Aunque hoy en día la desagradable sensación de «falta de tiempo» se ha hecho cada vez más pronunciada, no por eso debe privarse de algunos momentos de relax con sus seres queridos. Uno de los más importantes es aquel en que nos reunimos en torno a la mesa. Puede ser la comida o la cena, o bien, mejor aún, ambas. Sin embargo, estar en compañía de las personas con las que tiene mayor intimidad no justifica el descuido con el que a menudo se trata la mesa familiar: invierta unos minutos más y luego siéntese con tranquilidad para disfrutar de ese pequeño oasis de paz. Ponga siempre la mesa con todo lo necesario, sin dejarse llevar por la pereza. Una simpática costumbre es, por ejemplo, la de usar un servilletero personal con las iniciales del nombre o una alegre decoración.

Trate de hacerse con un práctico carrito que situará cerca de la mesa. Así evitará tener que levantarse cada vez que necesite aceite, sal, pimienta, pan, platos de postre, etc. Con todo al alcance de la mano, la comida será mucho más cómoda y la mesa no se transformará en un complicado tablero de ajedrez.

Procure que los distintos platos lleguen a la mesa en fuentes de servir. Hoy en día el lavavajillas está muy extendido, así que ya no tiene excusas para privarse de una buena sopa servida en una bonita sopera. En caso contrario, vale la pena lavar un poco más de vajilla... ¡Haga la prueba!

Nunca convierta la comida en una ocasión para discutir sus proble-
mas: es la mejor forma de provocarse una úlcera de estómago. Bromee,
ría, cuente cosas agradables y escuche a sus hijos. Cualquier tipo de dis-
cusión deberá aplazarse. Entre otras cosas, porque puede que después de
una comida agradable se resuelva con mucha más facilidad...

Desayuno

Un café bebido a toda velocidad sólo puede hacernos empezar
el día con mal pie.

La mesa del desayuno debe prepararse con el mismo cuidado que la de
la comida. Añada una nota de alegría usando un mantel o unos manteli-
tos individuales de colores vivos que le den los «buenos días». Y si no es
capaz de saltar de la cama con la suficiente antelación, puede poner la
mesa para el desayuno por la noche, antes de acostarse.

No utilice tazas desparejadas o descantilladas y apóyelas en su platito,
y luego sirva la leche, el té y el café en las jarritas adecuadas.

En definitiva: ¡empiece desde la mañana a dar una impronta personal
a su jornada!

Animales domésticos

Los animales son amigos muy simpáticos;
no hacen preguntas ni críticas.
(George Eliot)

La convivencia con los animales impone unas obligaciones que, sin embargo, se ven compensadas por la afectuosa compañía que ofrecen. También en este caso se trata de crear un justo equilibrio.

Konrad Lorenz, Premio Nobel de Medicina en 1973, dejó escrito que «nuestro amor por los animales se mide por los sacrificios que estamos dispuestos a afrontar por ellos».

Como siempre, el aspecto a considerar no es sólo el estrictamente personal, sino la repercusión que esta decisión tendrá en el prójimo. La educación de los animales refleja la de sus propietarios, así que preste atención a la forma de comportarse de su «amigo».

En primer lugar, recuerde que no a todo el mundo le gusta la compañía de los animales, por lo que no puede imponer su presencia a amigos y conocidos.

Aunque el cálido afecto de su perro o los insistentes roces de su gato le llevan al séptimo cielo, es posible que molesten a quienes se hallan con usted.

En su casa, acuérdese de preguntar a quien viene a visitarle si le molestan los animales, teniendo en cuenta además posibles alergias, por otra parte bastante frecuentes. En este caso deberá evitar un contacto directo, guardando al animal mientras dure la visita en otra habitación, en la terraza o en el jardín.

La primera norma debe ser la de no imponer nunca a los demás lo que es una sensibilidad personal suya. Es posible que no la compartan, y no por eso deberá considerarlos una especie de «monstruos» sin corazón. Respetar a los animales no tiene por qué significar compartir la vida con ellos. Simplemente se puede tener en cuenta su instinto de supervivencia salvaguardando el ambiente en el que viven. Como es natural, en caso de que decida compartir la vida con un nuevo amigo, será un acto de amor obligado ocuparse del mejor modo posible de su bienestar, lo que significa cuidar su alimentación (si puede, no le dé «alimentos humanos» ni las sobras de la mesa, ya que podría desencadenar una serie de comportamientos incorrectos, como por ejemplo mendigar o robar la comida; entre otras cosas, la comida en exceso podría dar lugar a fenómenos de sobrepeso), la instalación (procúrele una cama o una jaula adecuadas, en el caso de gatos, perros o pájaros), la limpieza (tanto de su ambiente —jaulas, acuarios, camas, cestas de transporte— como de su cuerpo) y la salud (programe unas visitas de control al veterinario y no olvide las diversas vacunaciones).

Y, sobre todo, no deje que le falte su cariño.

Perros

El perro es, por antonomasia, «el mejor amigo del hombre», pero si sueña con compartir su vida con este simpático animal, antes de decidir será conveniente que se plantee algunas preguntas, y sólo si las respuestas son positivas efectúe su elección.

¿Conoce las necesidades del tipo de perro que quiere tener? Si vive en un piso muy pequeño, por ejemplo, no escoja un perro de gran tamaño, que sin duda sufriría. Y también: ¿sufre alergias particulares que le impedirían vivir con serenidad su presencia? ¿El reglamento de su comunidad de vecinos prevé la presencia de animales? ¿Cuál es su estilo de vida normal? Si viaja a menudo, ¿ha pensado en quién podrá atenderlo si no puede llevárselo? Durante las vacaciones, ¿piensa llevárselo o ha encontrado ya un lugar adecuado que pueda acogerlo? Y por último, ¿ha calculado el aumento de gastos que conllevará su presencia, con la alimentación, las visitas al veterinario, etc.? Si ha encontrado una respuesta adecuada para todas estas preguntas, puede iniciar una nueva vida con un nuevo amigo.

Como toda convivencia, también esta requiere algunas normas de comportamiento: cuando salga con su perro recuerde que, para mayor seguridad, siempre debe utilizar la correa, aunque acuda a jardines o parques públicos. Debe usarse el bozal en los locales y oficinas públicas, en los medios de transporte y en el caso de perros de carácter agresivo o nervioso. Y quien lleva de paseo al perro no debe olvidarse de recoger los excrementos del animal y limpiar la suciedad que deje.

En algunos trenes se admite el transporte de perros; por lo general, si su mascota es de pequeño tamaño y no crea problemas, puede permanecer con usted, como es natural pagando el billete correspondiente. También en lo que respecta al transporte aéreo, a veces los ejemplares de pequeño tamaño se consideran equipaje que acompaña al pasajero. En cualquier caso, infórmese antes de un viaje.

En los vehículos de cuatro ruedas debe colocarse al perro en el portae-quipajes o detrás del asiento del conductor, siempre que se proceda a la instalación de una red divisoria. Y atención, nunca deje al perro solo en el coche, sobre todo en los días muy calurosos, aunque las ventanillas estén bajadas: podría sofocarse.

Si decide llevarse al perro durante las vacaciones, antes de partir asegúrese de que el hotel y en general el lugar de alojamiento al que piensa acudir está equipado para acogerlo.

Por último, recuerde que los cachorros están expuestos a una serie de enfermedades contagiosas, así que llévelos al veterinario para una primera revisión lo antes posible.

Gatos

Aunque se incluya en la categoría de quienes aman a todos los animales en general, cada persona tiene preferencia por los perros o por los gatos. Si descubre que pertenece a la segunda categoría, antes de de-cidirse a convivir con un felino plantéese las mismas preguntas que hemos indicado a propósito de los perros.

Tenga en cuenta que el gato es más independiente que el perro, aunque no por ello necesita menos cuidados y mimos. Procure siempre no des-cuidarlo y dejarle unos juguetes en su ausencia, si no quiere encontrar sorpresas desagradables a su regreso. Y recuerde también que el gato tien-de a ser un animal solitario y le gusta pasar mucho tiempo solo, y que es un gran dormilón que dedica a veces más de quince horas al día al des-canso, para lo que escoge cuidadosamente lugares apartados, cálidos y, a ser posible, en sitios altos, a fin de tener siempre la situación bajo control.

No olvide que los gatos son carnívoros y que para el desarrollo y el cre-cimiento necesitan alimentos que contengan carne.

Entre las dos y las siete semanas de vida los gatitos empiezan a fijarse en el ambiente que los rodea. Habitúelos a la convivencia con usted y a los rui-dos de la casa: aspirador, lavavajillas, timbre y demás sonidos cotidianos.

Recuerde también que su minino, aunque sea doméstico, mantiene el instinto del depredador. En definitiva, le gusta cazar, y por este motivo muestra una tendencia instintiva a afilarse las uñas donde puede. Para evitar que destruya la casa, compre en una tienda especializada un *arañador, que tiene precisamente esta finalidad.*

Los gatos son animales limpios. Por ello, acostúmbrelos lo antes posible a utilizar su caja, que debería situarse en una zona tranquila de la casa. Para habituarlos al lugar donde deben defecar póngalos desde pequeños en la caja en cuanto se despierten y justo después de comer, premiándolos cuando hayan defecado en el lugar adecuado.

Para el transporte tenga en cuenta las normas que ya hemos dado para el caso de los perros.

Peces

Un acuario es capaz de iluminar y dar vida a cualquier rincón de la casa, por oscuro que sea. Todos los miembros de la familia pueden ocuparse de él y representa un pasatiempo muy relajante y agradable.

De forma general existen tres tipos de acuario: de agua dulce, tropical y marino. Antes de decidir qué tipo de acuario quiere, acuda a una tienda de confianza y pida consejo. Los peces son animales delicados, por lo que es mejor pagar un poco más por un pez que haya estado en cuarentena y que no tenga enfermedades, en lugar de arriesgarse a contaminar el acuario sólo para ahorrar unos euros.

Para evitar que se formen algas dentro del acuario sitúelo en una posición resguardada de los rayos directos del sol. Lo mejor es usar sólo luz artificial, que puede controlarse. Cambie el agua poco a poco, no más de una cuarta parte cada semana, ya que las bacterias que crecen en ella proceden a limpiar los excesos de comida y los residuos orgánicos que podrían alimentar a las algas. En cambio, si quiere eliminarlas por completo, quítelas todo lo posible y lave el acuario (incluyendo los adornos, como piedras o plantas de plástico) con lejía. Luego enjuáguelo todo muy bien y, por último, añada un tratamiento antialgas.

Trate de no utilizar agua del grifo. Si de verdad es necesario, trátela con sustancias que eliminen el cloro y un acondicionador para acuarios, que mantendrán bajo control la proliferación de las bacterias y otros microorganismos. Nunca ponga demasiados peces en el mismo acuario, ya que además de emitir residuos sólidos también expulsan el equivalente de nuestra orina. El amoniaco contenido, que es soluble e invisible, resulta muy peligroso para estos animales, por lo que si el acuario está demasiado lleno de peces o descuidado, el amoniaco se acumula en el agua y envenena a los peces, que suben a la superficie para tratar de respirar aire.

A diferencia de las personas, los peces son capaces de comer continuamente, digerir lo que necesitan y expulsar el resto. Eso significa que es muy fácil sobrealimentar no tanto a los peces como al acuario, con el resultado de contaminar el agua. Para establecer cuánto alimento debe dar a sus peces, obsérvelos mientras comen: si no queda comida en la superficie, al cabo de pocos minutos vuelva a darles una pequeña cantidad hasta que dejen de comer, y luego elimine enseguida el exceso para evitar contaminación.

No se preocupe si no los alimenta durante uno o varios días: también en la naturaleza los peces se encuentran a menudo sin comida. Sólo si se marcha de casa durante más de cuatro o cinco días deberá preocuparse de dejarle a alguien el encargo de darles de comer o bien dotar el acuario de los aparatos adecuados que liberan el pienso de forma controlada.

Tenga en cuenta que los peces de acuario enferman con facilidad, sobre todo a causa de las condiciones ambientales en que se hallan. Por ello, dedique mucha atención a mantener el acuario en condiciones óptimas. A diferencia de lo que se cree, si se les atiende bien los peces pueden vivir mucho. Por ejemplo, si están bien cuidados, los peces dorados pueden vivir treinta años.

En lo que respecta al transporte público, resultan válidas las mismas normas indicadas para los perros. Como es natural, el recipiente deberá ser impermeable, resistente y seguro.

Pájaros

La elección de una bonita ave como animal de compañía se justifica por varios aspectos: el bajo y controlable riesgo sanitario de enfermedades transmisibles por las aves domésticas al ser humano, su tamaño, en general más reducido que el de otros animales, y su «forma de ser».

En efecto, los pájaros permiten un tipo de relación que no crea dependencia, como podría suceder con un cachorro de perro, pero estimulan una relación de atenta observación que implica respeto desde el primer momento. Los pájaros se presentan como delicados seres vivos que suscitan ternura por la fragilidad de su tamaño y, por lo tanto, generan de forma natural una relación «amable», que también puede ser muy instructiva para los niños. Además, numerosos estudios han demostrado que la compañía de estos animales reduce la depresión de forma importante.

Los dos tipos de pájaros que viven con mayor frecuencia en nuestras casas son los periquitos y los canarios. Su vida media oscila en torno a los diez años, aunque si se les cuida de forma correcta, pueden vivir mucho más tiempo.

Cuando compre un pájaro escoja siempre tiendas de confianza, para tener la seguridad de que el animal goza de buena salud y está bien cuidado. En los canarios, como en la mayoría de las aves, el canto es una prerrogativa de los machos, mientras que las hembras se limitan a trinos más o menos resonantes que en ocasiones incitan a los machos a emitir fraseos canoros. En la capacidad canora influyen numerosos factores, entre ellos los hereditarios, el adiestramiento y la correcta actividad hormonal, así como el estado físico y anímico del animal. Por lo tanto, son importantes la alimentación, que debe ser sana y rica en vitaminas, y la posición de la jaula, que debe situarse en un ambiente soleado y ventilado, pero con la posibilidad de tener también una zona a la sombra.

Por su parte, los periquitos pueden aprender a hablar, pero deberá escogerlos entre las seis y las nueve semanas de vida. Para habituarlos a hablar, en primer lugar deberá ganarse su confianza y tener mucha constancia. Los periquitos pueden aprender a repetir las primeras palabras en un plazo de seis semanas y alcanzar un vocabulario de unas cien palabras. Pero... ¿aguantará su paciencia?

Alimente a sus pájaros con una mezcla de semillas completándola con sustancias vegetales como la verdura y la fruta, con minerales y con alimentos de alto valor proteico.

Recubra el cajón de fondo de las jaulas con una hoja de papel de periódico o una capa de tierra seca o arena, cambiándolas a menudo, y limpie bien las perchas. Al menos una vez al año limpie por completo la jaula con soluciones desinfectantes, como es lógico sacando primero a los pájaros. Ponga en la jaula una cubeta con agua, pero retírela varias horas antes del ocaso para evitar que el plumaje se humedezca al caer la noche.

Para el transporte resultan válidas las mismas normas que para los demás animales, con la advertencia de que las jaulas no deben emitir malos olores, por lo que deben estar bien limpias.

Indumentaria

y afines

Guárdese de todas las empresas
para las que se requiera ropa nueva.
(Henry David Thoreau)

¿El hábito hace o no al monje? Aunque no se puede tener plena seguridad de que bajo el hábito hay un monje, es indudable que el tipo de indumentaria es una especie de tarjeta de presentación. Si le mostrasen una serie de representaciones anónimas de hombres pertenecientes a siglos pasados, por la forma de su ropa podría situarlos con facilidad tanto en el tiempo como en la respectiva clase social.

Hoy en día, aunque siempre hacemos referencia a una imagen ideal, que los medios de comunicación contribuyen a generar más que en el pasado, se disfruta de una mayor libertad personal que, hasta cierto punto, permite vestir como se quiera. Como máximo, a quien se aparta de forma demasiado evidente de los cánones convencionales se le define como estrafalario u original. Es más, a menudo la excentricidad en la indumentaria se usa como medio de protesta contra ciertos esquemas sociales. En cierto modo, es como decir: «No estoy de acuerdo, así que cambio de ropa para demostrarlo». Un uniforme proporciona una sensación de homogeneidad y pertenencia; no obstante, a pesar de mantener una especificidad propia, no se puede prescindir de algunas pequeñas normas dictadas por el buen gusto. La indumentaria debería completar la personalidad de quien la lleva formando un conjunto armonioso, del mismo modo que un bonito cuadro no es el resultado de un conjunto de normas sino una equilibrada combinación de elementos.

EN EL SIGLO XVI MONSEÑOR DELLA CASA ESCRIBIÓ...

«Bien vestido debe andar cada uno según su condición y su edad, porque actuando de otro modo parece que desprecie a la gente.

»Y no solamente quieren los vestidos ser de finos paños, sino que se debe el hombre esforzar por adaptarse lo más posible a la forma de vestir de los demás ciudadanos y dejarse llevar a las costumbres [...]; el contradecir la costumbre de las personas no se debe hacer salvo en caso de necesidad [...], puesto que este por delante de cualquier otro mal vicio nos vuelve odiosas a la mayoría de las personas.»

Combinaciones

¿Quiere combinar dos tejidos diferentes? Hágalo con sentido común: si uno es vaporoso y ligero no lo combine con telas pesadas; así pues, una chaqueta de lana nunca deberá llevarse con una falda de gasa. Igual desentonará una camiseta ligera combinada con una falda escocesa.

LA MAGIA DEL COLOR

La cromoterapia es una de las prácticas más antiguas, ya que se remonta a la noche de los tiempos. Los estudios realizados a lo largo de los siglos han reconocido la influencia del color en el bienestar físico, mental y espiritual. Cada uno de los colores que componen la luz tiene su propia longitud de onda y cualidades energéticas específicas capaces de influir en toda la gama de las emociones humanas:

- el **azul** es un color calmante y refrescante, y aporta paz;
- el **amarillo**, color de la felicidad y la imaginación, anima y estimula el cambio;
- el **rojo** transforma la incapacidad en energía positiva; es el color de la vitalidad;
- el **verde**, que calma y armoniza, puede dar estabilidad, mejorar la autoestima y favorecer la reflexión;
- el **naranja** es el color de la extroversión e infunde serenidad, entusiasmo y alegría;
- el **violeta** estimula la espiritualidad, la inspiración y la fantasía;
- el **añil** favorece la intuición.

Celso, médico romano del s. I, usaba esparadrapos de colores para favorecer la curación; en la Edad Media se utilizaban habitaciones de color distinto para el tratamiento de las diversas enfermedades, y en América, los guerreros pieles rojas escogían los colores de guerra con un fin muy concreto.

El color es la alegría de los ojos, pero cuidado con algunos detalles: en general siempre es conveniente evitar los contrastes demasiado marcados, así como la asociación de colores iguales con tonos diversos y la combinación de varios colores oscuros o claros. Pero se trata sólo de indicaciones generales. Por otra parte, la modista de la abuela se escandalizaría ante algunas combinaciones que antaño se consideraban prohibidas y que hoy en día proponen los más famosos diseñadores. La moda es voluble, así que mire a su alrededor, hojee unas revistas y observe los escaparates. Luego decida si lo que ve le gusta o no.

Al vestirse, su mejor amigo debe ser el espejo, por lo que si le gusta un color observe al ponérselo si queda bien con el tono de su piel, ojos y cabellos. Si tiene la piel bronceada y el pelo y los ojos oscuros, busque colores que le aclaren, y al contrario. Además, preste atención a la armonía del conjunto: las mujeres menudas desaparecen en faldas demasiado amplias, y las mujeres altas deben evitar las rayas verticales, que en cambio hacen más esbeltas a las que son algo bajitas.

Accesorios

Con frecuencia, una prenda muy sencilla adquiere vida al combinarla con los accesorios adecuados (como es natural, si le gusta el rebuscamiento algo extravagante, trate de no excederse…).

Como para los tejidos, también en el caso de los accesorios hay que tener cuidado con el color: si la falda es verde, las medias negras y los zapatos blancos, pueden surgir algunas dudas razonables sobre su capacidad para combinar ropa y accesorios.

Y atención a las armonías: en caso de que la inviten a una boda, no complete el traje elegante, comprado para la ocasión, con ese bolso de cuero tan cómodo que usa todos los días. Por otra parte, un traje sencillo se vuelve «importante» si se combina con un bonito chal o un pañuelo de cuello.

*Lleve un **sombrero**, elegante o gracioso, sólo si al ponérselo se siente a gusto, ya que este es un accesorio «caprichoso» que no se adapta a todas las personalidades.*

*Por su parte, los hombres deben recordar que **calcetines y corbata** deben tener el mismo color de fondo, que a su vez no deberá ser el mismo del traje. Esta era al menos la norma del buen gusto; sin embargo, hoy en día muchos hombres ni siquiera llevan calcetines con el mocasín veraniego.*

¿Y qué decir de las gafas de sol, que en pocos años han alcanzado la ci-

LA CORBATA: UNA HISTORIA INTERESANTE

La corbata nace en la segunda mitad del s. XVII con el nombre de croata, ya que los mercenarios de un regimiento de Croacia llevaban como signo distintivo una tira de tela alrededor del cuello. Se afirma luego como accesorio de la indumentaria a finales de siglo, en forma de gran pajarita o bien como banda de encaje anudada.

El Rey Sol de Francia la adornaba con lazos de seda de colores muy vivos, mientras que su sucesor, Luis XV, la prefería de seda negra anudada como una pajarita y sujeta con un valioso alfiler. Napoleón y sus generales llevaban dos: una blanca de muselina alrededor del cuello y una negra de seda encima de la primera. A propósito: parece ser que Napoleón, el día de la desastrosa batalla de Waterloo, olvidó ponerse la segunda corbata. Una negligencia que le costó el trono.

Más tarde, el uso de la corbata se impregnó de contenidos políticos: los patriotas y los liberales italianos, franceses y húngaros la llevaban negra sobre una camisa blanca.

ma de las preferencias como accesorio? Multitud de gafas oscuras, necesariamen-te de marca, nos escrutan desde las portadas de las revistas, los escaparates de las tiendas y las pantallas de televisión. Pero atención: cómprelas enseguida para no arriesgarse a que mientras tanto cambie la moda y las gafas de sol vuelvan a ser una simple protección en los días más soleados...

EL... PODER DE LAS PIEDRAS

Ágata *protege de las enfermedades e infunde valor*
Aguamarina *propicia matrimonios felices*
Amatista *ofrece equilibrio y sentido de la justicia*
Ámbar *símbolo de amor y virtud, cura el dolor de estómago*
Brillante *es símbolo de un vínculo sólido*
Coral *hace invencible*
Cornalina *preserva de las pesadillas y protege de todo mal*
Crisólito *ayuda en las cuestiones de amor y en los problemas legales*
Cristal de roca *da belleza y protege del envejecimiento*
Cuarzo cetrino *atrae felicidad y alegría y vence la timidez*
Diamante *asegura un vínculo eterno*
Esmeralda *aumenta la riqueza y protege de la envidia*
Granate *favorece los vínculos sentimentales y aporta bienestar*

Entre formalidad e informalidad

• Recuerde que existen joyas estivales y joyas invernales, joyas de ciudad y joyas de playa, que no pueden llevarse de forma indistinta; así pues, nada de perlas con el pareo.
• La joya debería estar siempre en sintonía con el tipo de indumentaria y con las circunstancias en que se halla.
• No deberían llevarse al mismo tiempo anillos de materiales y colores distintos, aunque hoy en día la tendencia es la contraria.
• Si tiene las manos pequeñas, un anillo de gran tamaño no es adecuado para usted; del mismo modo, sólo deberían llevar pendientes muy largos las mujeres altas.
• Los pendientes no deben tener una forma desproporcionada respecto al rostro o el peinado.
• Un broche «importante» sólo debe llevarse de noche.
• Nuestras abuelas consideraban muy maleducada a una señora que llevase brillantes por la mañana. Si tiene un hermoso brillante, llévelo si quiere a cualquier hora del día, pero que la montura sea sencilla, no parezca un faro y no se combine con ninguna otra piedra preciosa.

Naturalmente, estos son sólo consejos que corresponden a la costumbre del buen tono. Puede actuar de otra forma, aunque tratando siempre de hacerlo con buen gusto. Nada le impide crear un estilo personal que le caracterice.

Joyas Las joyas poseen un innegable encanto, y a veces nos sentimos irresistiblemente atraídos por su deslumbrante brillo. Un esotérico diría que ello se debe al «poder» encerrado en los metales y piedras.

Hematites *símbolo de lealtad, protege los ojos*
Jade *protege de desgracias y enfermedades*
Jaspe *neutraliza todos los hechizos*
Lapislázuli *vence la melancolía y aleja las pesadillas*
Malaquita *ofrece riqueza, salud y alegrías de amor*
Ojo de tigre *atrae la alegría y la felicidad*
Ónix *piedra de los cantantes, protege la garganta*
Ópalo *es la piedra del amor sincero*
Pirita *defiende de los maleficios y aleja los dolores*
Rubí *propicia una pasión duradera*
Topacio *proporciona éxito y suerte, y vuelve sensato y agradable*
Turquesa *mantiene el amor y conserva el cuerpo sano y bello*
Venturina *ofrece riqueza y prosperidad*
Zirconio *piedra de los viajeros, protege de los peligros*

Encanto aparte, también en el caso de las joyas debe respetarse la norma del «nunca exagerar». Por ejemplo, broche, collar y pendientes pueden dar una impresión recargada, a menos que se trate de objetos poco vistosos y del mismo estilo. Por lo tanto:

- no más de un anillo por cada mano sería preferible, aunque hoy en día se tiende a la abundancia;
- no se llevan dos o tres pulseras de estilo distinto; así pues, salvo los aros dorados, lleve una sola pulsera cada vez;
- no lleve gargantillas y collares al mismo tiempo;
- mejor un solo pendiente por oreja que toda una constelación;
- no use otras joyas si lleva ya un juego.

En cualquier caso, no se deprima si no tiene la posibilidad de exhibir joyas importantes: una bonita flor en el pelo o en el vestido puede surtir un efecto de conjunto muy agradable.

Guantes En el pasado, el guante era el accesorio por excelencia: una señora o un señor nunca habrían salido de casa sin llevarlos puestos. Hoy en día ya no son un signo distintivo, pero de todas formas pueden ser un simpático complemento, así como una útil ayuda contra el frío en invierno.

FRASES HECHAS
«Con guante blanco» se dice cuando uno actúa con diplomacia y buenas maneras.
«Más suave que un guante» indica docilidad y sumisión.

Sin embargo, el uso de los guantes tiene sus reglas:

- un hombre debe quitarse los guantes antes de estrechar la mano a alguien;
- si una mujer da la mano a un hombre puede conservar los guantes; se los quitará si el encuentro es con otras mujeres;
- al entrar en una oficina, en un piso o en un restaurante, el hombre se quitará el guante de la mano derecha;
- no se besa una mano enguantada;
- para servir la mesa en una cena importante se llevan guantes blancos.

Chaqueta

En una comida o cena formales el hombre nunca se quita la chaqueta. Sólo podría hacerlo en ocasiones de almuerzos informales si el anfitrión da ejemplo. La chaqueta es obligada también durante una entrevista de trabajo.

Si lleva una chaqueta de dos botones, abroche sólo el superior. Si lleva una cruzada (seis botones), deje desabrochado el botón más bajo.

Ocasiones

Si trabaja fuera de casa es evidente que su indumentaria deberá resultar acorde con sus tareas; si es la reina del hogar, lo mismo. En cualquier caso le quedarán amplios espacios donde exhibir su talento creativo.

Aunque esté **en casa** y se sienta «protegida» por las paredes domésticas, mantenga un toque de coquetería, así que nada de calcetines enrollados y cabello despeinado: no hay nada peor, incluso para la imagen que se forme de sí misma, que un ama de casa que va arrastrando las zapatillas. Puede llevar algo gracioso y cómodo; en este caso evitará además asustar a cualquiera que llame a la puerta de improviso.

En el **ámbito laboral,** funcionalidad y sobriedad son las consignas, aunque eso no significa que tenga que renunciar a cualquier coquetería. Se pueden encontrar mil formas de hacer más atractivo incluso un sencillo vestido o un jersey llevado sobre una falda o unos pantalones.

En cualquier caso, nada de provocaciones en el lugar de trabajo, de manera que cuidado con los escotes, las prendas ajustadas y la longitud de las faldas, y así evitará situaciones comprometidas y colegas pesados.

Cuando **salga con sus hijos** opte claramente por ropa cómoda: se sentirá más a gusto si tiene que perseguirlos de un sitio a otro, subiendo y bajando del coche y cargando y descargando mochilas y carteras.

Para un **cyctel o un aperitivo** con los amigos lleve algo elegante y evite la ropa deportiva e informal, a no ser que acabe de volver del trabajo y haya recibido la invitación en el último momento, en cuyo caso puede acudir tal cual, sin que deba sentirse incómoda.

Con ocasión de las **salidas nocturnas,** según la ocasión y las personas que le acompañen puede concederse un escote importante y un traje especialmente cuidado. En este caso escoja todos los accesorios necesarios:

medias, bolsito, zapatos, joyas, guantes, pañuelo de cuello o estola, siempre que el conjunto resulte armonioso.

El clásico **vestido de noche largo** se lleva sólo en ocasiones especiales, como estrenos teatrales, ceremonias de gala, invitaciones y manifestaciones oficiales para las que sea exigido de forma explícita por el anfitrión. Para los hombres, cuando no se exija de forma explícita esmoquin o frac, resulta siempre práctico el traje oscuro y elegante.

Frac El frac es el traje de noche masculino para ocasiones particularmente elegantes. Recuerde llevarlo sólo si en su invitación aparece la indicación «corbata blanca».

El color del frac es el negro; los pantalones deben ser lisos y ajustados, y la chaqueta cruzada; las colas posteriores tienen que llegar justo por debajo de la rodilla.

La camisa tiene que ser blanca, con el cuello almidonado y las puntas dobladas hacia abajo; los puños son rígidos y la pechera de la camisa es de piqué almidonado. De todas formas, para la camisa están permitidas dos formas distintas: con pechera rígida o semirrígida, o bien con pliegues anteriores. En el primer caso el cuello y los puños deben ser rígidos, mientras que, en el segundo, la camisa será de seda con cuello y puños blandos.

El chaleco es blanco, y se podrá elegir entre el modelo normal y el cruzado.

Para la corbata, el piqué blanco es obligado, mientras que los calcetines son de seda negra, si se desea con una decoración lateral.

Si la estación lo requiere, sobre el frac debe llevarse un abrigo color camel o azul oscuro.

Los guantes deben ser de piel blanca; los zapatos, negros y de forma ahusada, y el sombrero, blando de fieltro negro.

Esmoquin El esmoquin es el típico traje de noche masculino. Deberá llevarlo cuando en su invitación aparezca la indicación «corbata negra». Como es lógico, la compañera del hombre vestido de esmoquin deberá llevar un elegante vestido de noche que puede ser largo o corto.

El esmoquin es negro. El pantalón, liso y ajustado, presenta una banda lateral estampada.

La chaqueta puede ser sencilla o cruzada. Si la chaqueta es sencilla, con vuelta de raso, es obligatorio completar el traje con el tradicional fajín. La pieza fuerte del esmoquin es la camisa, que siempre debe ser blanca. Como ocurre con el frac, también con el esmoquin hay dos tipos de camisa posibles: con pechera rígida o semirrígida, o bien con pliegues anteriores. En el primer caso, el cuello y los puños deben ser rígidos, mientras que, en el segundo, la camisa será de seda con cuello y puños blandos.

La corbata se anuda en forma de pajarita y debe ser de seda negra.

También los calcetines son de seda negra y pueden presentar una decoración lateral.

Como accesorios del esmoquin se usan el abrigo camel o azul oscuro, los guantes grises de gamuza, los tirantes negros finos y, por último, zapatos negros ahusados.

Tight El tight (término que significa «ajustado») es una prenda de vestir masculina de origen inglés utilizada sólo para ceremonias diur-

LA MODA DEL TIGHT

Matilde Serao, escritora y periodista italiana, escribió en 1924 en su libro Saber vivir: «Una audaz minoría está creando ya una nueva moda para la indumentaria del novio, y es la del tight. Es cierto que se acompaña de pantalones de fantasía, chaleco blanco, corbata de raso oscuro —azul marino, granate o gris plomo— y guantes blancos, pero se trata del tight y no de la levita. El tight tiene una incalculable ventaja sobre la levita: rejuvenece a la persona que lo sabe llevar, la vuelve más esbelta, más desenvuelta y, en definitiva, la hace más joven».

nas. En Inglaterra, cuando la boda reviste cierta formalidad, el novio lleva tight.

Esta particular prenda consta de chaqueta negra o gris antracita de faldones largos y estrechos, sobre pantalones de rayas grises y negras, sin vuelta, con chaleco gris perla (o incluso blanco para ceremonias como bo-

das estivales) y corbata de plastrón (ancha corbata anudada plana y su-jeta con una aguja). Más moderno es el uso de una corbata gris plata de lazo largo (negra para los funerales).

La chaqueta del tight, como la del esmoquin, debe abotonarse, al igual que el correspondiente chaleco.

El placer de una invitación

Invitar a alguien a nuestra mesa significa tomar a nuestro cargo su felicidad mientras permanece bajo nuestro techo.
(Jean Anthelme Brillat-Savarin)

Invitar a alguien a la propia casa, cabaña, tienda, iglú, etc., forma parte de un ritual común a todo el género humano y que es resumido en el concepto de hospitalidad.

Invitar significa hacer partícipe a alguien del propio espacio privado y representa simbólicamente abrirse al otro. Desde este punto de vista, cuando sea usted invitado, acepte con una actitud de agradecimiento y simpatía. No estamos hablando de normas formales, sino de una predisposición interior que puede mostrar bajo una luz distinta incluso un simple café con las amigas. Recuerde que sus «buenos modales interiores» pueden hacer de usted una persona muy especial.

En cualquier caso, como suele decirse, el huésped es sagrado, así que trate de poner buena cara incluso ante la visita inesperada de alguien que quizá, en ese momento, habría preferido no ver: podría ser la ocasión para cambiar de idea sobre esa persona.

A aire libre

Cuando hace buen tiempo, si dispone de un jardín o una terraza y quiere reunirse con sus amigos, no hay nada mejor que charlar un rato al aire libre tomando un bocado todos juntos.

Si quiere preparar un bufé, recuerde que, a diferencia de la clásica comida de pie, es sólo el servicio lo que resulta informal, mientras que los invitados tendrán a su disposición mesitas preparadas con sillas, servilletas, vasos y cubiertos.

En el almuerzo de pie, en cambio, los invitados se sirven lo que prefieren directamente de una mesa, para luego comer de pie o acomodándose en sillas. De todas formas, para mayor comodidad de los invitados, sería oportuno preparar también algunos apoyos de diverso tipo.

Los alimentos deben estar ya preparados en trozos pequeños, y en cualquier caso nunca deberán ser difíciles de cortar.

Adopte a grandes rasgos la misma secuencia de las comidas tradicionales: primero entremeses a base de pasteles salados, pinchos y embutidos acompañados de tostadas o panecillos; luego llegará el turno de los primeros platos, evitando los condimentos con «peligrosas» salsas demasiado líquidas, y por último carnes, pescados o rollos, cortados siempre en trozos pequeños.

Todos los platos salados pueden ponerse sobre la mesa del bufé al mismo tiempo cuando el menú se compone de platos fríos (esta solución es adecuada sobre todo para las recepciones estivales; en este caso se puede poner a disposición de los invitados un único juego de platos y cubiertos). Si, por el contrario, los alimentos previstos tienen que servirse calientes, los diferentes platos se «servirán» sucesivamente.

Si quiere ofrecer fruta a sus invitados, prepárela en forma de macedonia. Como postre también puede optar por unas copitas con mousse, helado o semifríos, que son fáciles de consumir.

Recuerde que entre sus invitados puede haber despistados, de los que

INFORMAL SÍ, PERO CÓMODO

Las sillas constituyen uno de los elementos más útiles, es más, imprescindibles (no obligue a sus invitados a hacer una carrera para acaparar una), para un almuerzo de pie. Nunca son suficientes, por lo que es mejor tener muchas, a ser posible plegables o apilables, que se puedan guardar con facilidad cuando no se necesitan.

Y, a propósito de sillas, recuerde que no resulta educado balancearse en ellas, cosa que además puede resultar peligrosa.

apoyan platos y cubiertos en cualquier lado y luego se olvidan de recuperarlos, así que prevea una buena cantidad.

Aperitivo

El aperitivo se ofrece antes de sentarse a la mesa. Desde un punto de vista culinario es un preliminar inútil, pero posee una función de agradable entretenimiento para pasar el tiempo en espera de los rezagados. Mientras, se puede profundizar en las presentaciones y crear entre los invitados un simpático ambiente antes de sentarse a la mesa.

Son muchos los tipos de aperitivo que puede poner a disposición de sus invitados: desde las bebidas sin alcohol al whisky con soda, del cava brut helado a la copita de oporto o jerez, y también vino blanco seco bien frío.

La delicia del aperitivo son los diversos tentempiés, así que no olvide preparar unos cuencos con almendras, avellanas, dados de queso, cacahuetes, aceitunas, galletitas saladas y canapés de pan de molde untados con mousse de salmón, jamón o paté.

En un almuerzo formal, los aperitivos, ya en los vasos, se sirven en bandejas por el personal de servicio. En un almuerzo más familiar es el dueño de la casa quien se encarga; en cambio, entre amigos cada cual puede servirse por su cuenta, mientras la dueña de la casa está en la cocina con los últimos preparativos.

Barbacoa

Terrazas, jardines o porches hacen felices al amante de la barbacoa. La chimenea también resulta adecuada para este tipo de preparaciones —sobre todo no le obliga a «rezar» para que no llueva—, pero presenta el inconveniente de mantener en casa el olor de la carne asada.

El término barbacoa, hoy en día de uso común, proviene de Texas y se refiere a una cocción a la parrilla sobre fuego de leña o carbón, es decir, el equivalente a nuestra parrillada. Suele caracterizarse por la informalidad, por lo que cada participante podrá contribuir a la preparación de la comida, a pasar los platos, etc.

Por norma general, es el dueño de la casa quien se preocupa de encender a tiempo el fuego de forma que las brasas estén listas en el momento adecuado. Si luego algún amigo se ofrece voluntario para echar una mano, será un bonito detalle por parte del dueño de la casa facilitarle un delantal que le regalará al final de la comida.

El plato principal debería consistir en carne o pescado acompañados de ensaladas diversas, quesos y fruta.

La vajilla deberá ser rústica, o incluso de papel. Como bebida, sirva vino fresco adecuado para la carne asada.

Desayuno

El desayuno es algo más que un simple café tomado deprisa. En los países anglosajones, el breakfast se considera un auténtico rito, y cada vez es más apreciado también entre nosotros como una excelente forma de iniciar el día con una adecuada aportación energética.

Si tiene invitados, ofrézcales un buen desayuno a base de zumo de naranja o de pomelo, copos de avena con leche y pan tostado untado con mantequilla. O si prefiere, huevos revueltos con salchichas o beicon y pan tostado con mermelada o miel; además, té o café ligero y abundante. Otra alternativa puede consistir en zumo de tomate, huevos pasados por agua o revueltos, tortilla de jamón, medio pomelo u otra fruta y pan tostado con queso fresco.

Después de un desayuno así, ¡podrá salir a conquistar el mundo!

Brunch

El brunch es una costumbre importada de Estados Unidos; su nombre indica un punto intermedio entre el breakfast (desayuno) y el lunch (almuerzo). Se toma el domingo y su función es aligerar las tareas del ama de casa, que por un día al menos no se ve obligada a pasar en la cocina la mitad de la mañana. ¿A quién no le gusta, la mañana del día festivo, holgazanear un poco y concederse unos ritmos de pleno relax? El brunch sustituye tanto al desayuno como al almuerzo y se puede tomar de las doce en adelante.

Su menú es informal y sencillo para no crear problemas particulares de preparación. Puede comprender: pan de diversos tipos, huevos cocidos al gusto de cada cual, embutidos, quesos, pizzetas, tostadas, bizcochos, miel, mermelada y jaleas de fruta; todo ello acompañado de café caliente, té o incluso, para los más refinados, cava. El brunch es una excelente so-

lución para disfrutar al menos el domingo con toda tranquilidad y salir de la rutina de las comidas semanales.

Como es natural, si invita a alguien para esta agradable ocasión lo escogerá entre los amigos con los que se sienta más a gusto.

Cena

¿Ha terminado la jornada y ha decidido concederse algunas horas agradables con amigos y conocidos? Nada más sensato, pero si no es una invitación improvisada en el último momento, deberá tomar algunas simples medidas que contribuirán al éxito de la velada.

El escritor inglés Oscar Wilde debía de ser de la misma opinión, dado que dejó escrito: «Tras una buena comida se puede perdonar a cualquiera, incluso a un pariente».

Si quiere invitar a personas con las que tiene poca confianza, recuerde enviar una tarjeta de invitación al menos una semana antes de la fecha establecida. Como es natural, por parte del invitado será de buena educación dar las gracias y confirmar o no su presencia. La invitación también puede ser menos formal, en cuyo caso bastará una llamada telefónica, hecha también al menos con una semana de antelación.

Y no olvide que es fundamental que los invitados congenien, así que trate de reunir a personas que tengan un mínimo de intereses en común.

Cena improvisada Las cenas organizadas en el último momento deben vivirse con toda tranquilidad, tanto porque se perdona con facilidad alguna pequeña falta como porque suelen desarrollarse entre amigos con los que existe cierta familiaridad.

En estos casos se supone que el menú es menos elaborado que el previsto con antelación, por lo que puede poner la mesa tranquilamente con un mantel y una vajilla alegres. De todas formas, ponga la mesa de forma cuidadosa, sin renunciar a las dobles copas y las fuentes.

Recuerde adaptarse a la ocasión, muéstrese relajado e informal, no obligue a sus invitados a soportar largas esperas en el salón mientras se afana en la cocina y, si se ofrecen a echarle una mano, acepte de buena gana, por ejemplo pasándoles lo necesario para poner la mesa.

Por la noche no se sirven embutidos como entremeses, por lo que puede saltarse este plato tranquilamente y ofrecer, en espera de acabar en la co-

Entre formalidad e informalidad

- Establezca el número de invitados según las dimensiones de su mesa y, como es natural, compruebe la vajilla, que debe ser del mismo estilo y estar en buenas condiciones.
- Si no cuenta con personal fijo y los invitados son numerosos o de particular relevancia, valore si conviene contratar a personal profesional, que podrá resolverle diversos problemas.
- Si hay jóvenes que tienen una razón particular para conocer a uno de sus invitados, al presentarlo añada un comentario que cree sintonía entre ellos.
- Al presentar a personas que se ven por primera vez haga una discreta referencia a su actividad; de esta forma les será más fácil hallar un tema de conversación.
- Si un invitado avisa que no podrá ser puntual y su retraso supera el cuarto de hora, haga que se sienten a la mesa los demás amigos preocupándose de mantener caliente la cena del rezagado.
- Al calcular el número de invitados recuerde que muchas personas son supersticiosas, ¡así que ojo al 13!
- Aunque se esfuerce por mantener una expresión vigilante y atenta, a cierta hora podría caerse de sueño antes de que sus invitados se dispongan a marcharse. En este caso deberá resistirse como pueda: serán ellos quienes se despidan, y usted no debe alentarlos de ninguna forma…

cina, vino tinto con queso en dados.

Puede preparar tortilla de patata o lasaña (si ya están listas o congeladas), arroz, algún tipo de ensalada fácil de preparar, cualquier tipo de pasta condimentada con una buena salsa, verduras y hortalizas salteadas de temporada, sopa o gazpacho preparados, incluso alguna pizza. Prosiga con queso y termine con fruta, dulces y café.

Y recuerde que el mejor condimento para estas veladas es la alegría y su estilo personal para sentirse a gusto y hacer que se sientan a gusto los demás.

Resopón Un resopón relajado, cómodamente sentados en los sillones, es una ocasión de reencuentro muy agradable que no da mucho trabajo y permite profundizar con amigos y conocidos en los temas que hayan podido quedar a medias durante la jornada.

El encuentro para un resopón tendrá lugar en torno a las diez y media u once de la noche y podrá durar lo que se desee. Puede ofrecer a sus invitados lo que más les guste: del tradicional café, que no todo el mundo to-

ma por la noche, a la tisana a base de hierbas, pasando por el licor, que puede ser un digestivo, un whisky o un coñac.

Al tratarse de un resopón se supone que sus invitados ya han cenado, por lo que puede ofrecer un postre e incluso una copa de helado, y dejar a su disposición un cuenco con chocolatinas, pastas, bombones y jaleas.

Si es usted el invitado puede llevar a los dueños de la casa una botella de licor o unas pastas, incluso puede preparar usted mismo un pequeño tentempié para degustar todos juntos.

Cóctel

La palabra cóctel, de origen inglés, significa literalmente «cola de gallo», refiriéndose con toda probabilidad a los diversos colores que se mezclan en este plumaje, del mismo modo que en la preparación de un cóctel se mezclan los colores de los diversos ingredientes.

Las ocasiones para organizar un cóctel pueden ser diversas: una inauguración (en este caso lo habitual es dirigirse a empresas especializadas), corresponder a invitaciones similares, celebrar un aniversario, estrechar relaciones de negocios o sencillamente reunirse con amigos.

Si prevé celebrar un cóctel en casa, haga las invitaciones con al menos una semana de antelación. Calcule un número de invitados proporcionado al espacio de que dispone: sus invitados deberán moverse con comodidad sin el riesgo de darse codazos a cada paso. Tenga en cuenta que el horario para un cóctel suele ir de las 18 horas a las 20-20,30 horas.

Dominarán las bebidas, así que cuide de forma especial vasos y botellas. Ofrezca varias posibilidades de elección previendo también que a algunos invitados pueden no gustarles las bebidas «fuertes», así que disponga aperitivos sin alcohol y zumos de fruta o verdura. En cuanto a las bebidas alcohólicas, ofrezca según la estación unos buenos vinos, whisky y bebidas de tipo martini o gin-tonic. Añada también cava y blancos de aguja.

Si quiere preparar un cóctel, hallará los ingredientes y las recetas en los libros especializados. Como es natural, si es principiante en este «arte» será conveniente hacer algunas pruebas antes del día de la fiesta a fin de evitar desagradables sorpresas.

Recuerde que no debe faltar una buena reserva de hielo, que deberá lavarse antes del uso.

No destape de antemano demasiadas botellas; trate de prever la cantidad de la que deberá disponer, calculando que una botella de vino o de ca-

va basta para seis vasos, y una de whisky para unos veinte.

Por tratarse de una ocasión de encuentro que se celebra antes de la cena no deberán faltar abundantes tentempiés a base de tostadas calientes y frías, pinchos, tapas, fritos, pequeños volovanes rellenos y, para quien los prefiera, dulces diversos. Tome la precaución de escoger alimentos fáciles de manejar sin el riesgo de mancharse.

Los hombres llevarán a ser posible un traje oscuro, que puede ir del

ALGUNOS DATOS SOBRE CÓCTELES

Los cócteles se clasifican en varios tipos:

• *los cobblers, o sea, long drinks capaces de quitar la sed, que deben servirse en vasos altos con fruta fresca en rodajas. El hielo debe picarse como nieve y añadirse directamente al vaso;*
• *los coolers, que, como los cobblers, son long drinks capaces de quitar la sed y deben servirse con fruta fresca en rodajas;*
• *los crustas, preparados en una flauta con una corteza de limón cortada en espiral tan larga que ocupe la copa, desde el fondo hasta el borde. Además, el borde de la copa debe «escarcharse», es decir, pasarse primero por zumo de limón y luego por azúcar;*
• *los cups, también capaces de quitar la sed, preparados de antemano en grandes jarras o en fuentes hondas de plata (en este segundo caso deben verterse en las copas con un cazo pequeño);*
• *los eggnog, bebidas estimulantes a base de huevo a las que debe añadirse nuez moscada;*
• *los fizzes, bebidas capaces de quitar la sed en cuya preparación es imprescindible el zumo de limón y, a veces, la clara de huevo;*
• *los hotdrinks, mezclas calientes a las que pertenecen ponches y grogs. Para no quemarse es aconsejable servirlos en los vasos adecuados con soporte y mango metálicos;*
• *los juleps, en los que el elemento fundamental es cierta cantidad de hojas de menta que proporcionan a la mezcla un característico perfume.*

gris al azul; las mujeres, un vestido de tarde o bien pantalones y camisa elegantes. Los accesorios no deberán ser deportivos en ningún caso.

Durante un cóctel deberá ocuparse de circular entre los invitados y procurar amalgamarlos todo lo posible entre sí. Al fin y al cabo, ¿qué es un cóctel conseguido sino la mezcla adecuada de varios ingredientes?

Tabaco

Cigarrillos, puros, pipas, etc., son siempre una cuestión problemática si en un grupo de amigos, o entre personas que deben convivir durante periodos de tiempo más o menos largos, unos fuman y otros no. ¿Existe un «derecho al tabaco»? El asunto resulta bastante controvertido y suscitaría no pocas objeciones tanto por parte de los fumadores como por parte de los no fumadores.

Si es usted fumador, aténgase simplemente a las normas de una convivencia civilizada y respete a quienes tienen opiniones y costumbres distintas de las suyas, por no hablar de que hoy en día la ley impone límites muy concretos en cualquier local o medio de transporte público.

En cualquier caso, no fume en presencia de niños, porque además de ser perjudicial para su salud es un mal ejemplo: si tienen vínculos afectivos con usted y le aprecian, es fácil que quieran emularle. Tampoco fume en una habitación donde haya personas mayores aunque amablemente le den permiso para hacerlo: el humo podría irritarles la garganta y provocar accesos de tos.

Si es usted el invitado y no ve ningún cenicero por la casa, no ponga en una situación incómoda a su anfitrión con la fatídica frase: «¿Molesto si fumo?». Es evidente que en aquella casa no se fuma. Resista con valor y desfóguese al salir.

En cambio, si es el dueño de la casa, antes de dar rienda suelta a su «vicio» asegúrese de que no molesta a ninguno de sus invitados. En este caso, si no puede dejar la habitación y concederse un cigarrillo en la terraza, espere a que se marchen los invitados. ¡Sobrevivirá! Y si organiza un almuerzo o una cena y sabe que entre los invitados hay fumadores empedernidos, deberá prever, si es posible, un espacio fácil de ventilar donde puedan disfrutar de un cigarrillo.

Hoy en día los restaurantes suelen incluir una zona para fumadores. En caso de que no la tengan, no encienda el clásico cigarrillo de después de comer: no hay nada que moleste tanto como el olor del tabaco a quien no está acostumbrado, sobre todo entre un plato y otro.

Desde luego, los buenos modales no tienen nada que ver con la actual campaña contra el tabaco, pero no queda bien llevar el cigarrillo colgando de los labios en caso de tener las manos ocupadas con paquetes. Tampoco es señal de buena educación saludar con el cigarrillo entre los dedos, ni hablar llevándolo entre los labios, ni entrar con el cigarrillo encendido en locales que no sean la propia vivienda.

EL FUEGO, PRIMER... AMIGO DEL FUMADOR

Una mujer no le enciende un cigarrillo a un hombre, sino que, en todo caso, le ofrece las cerillas o el encendedor, y a continuación no sopla para apagar la llama: eso le corresponde a él.

El encendedor se ofrece ya encendido a dos personas como máximo. Lo mismo vale para una cerilla. Esta misteriosa limitación numérica parece remontarse a la Primera Guerra Mundial, cuando en las trincheras se suavizaba la tensión fumando. Una cerilla, casi tan valiosa como el último cartucho, se pasaba, encendida, de uno a otro hasta quemarse los dedos. Sin embargo, esta costumbre ofrecía al enemigo la posibilidad de apuntar y «castigar» el ahorro.

En definitiva: hay sitio para todo el mundo, basta un mínimo de amabilidad y capacidad de adaptación. Y en cualquier caso, buenos modales aparte, no olvide que el tabaco perjudica tanto su salud como la de los demás.

Pernoctar

Cuando usted es el anfitrión ¿Desea o tiene que acoger a un amigo o conocido durante varios días? Lo más sencillo es ponerse en su lugar y considerar qué le haría sentir más a gusto en casa de otros.

Ante todo, ocúpese de su sueño. En la habitación que ponga a su disposición, además de sábanas limpias y bien planchadas, prepare otra manta y una segunda almohada: algunas personas son más frioleras que otras y una almohada alta o baja puede determinar una noche más o menos agradable. Prepare además un espacio, aunque sea pequeño, en el que su invitado pueda guardar la ropa, y compruebe que la lámpara de la mesita de noche funciona.

Si la habitación dispone de un baño personal, equípelo con todo lo necesario, toallas y accesorios para el aseo: pastillas de jabón, esponja, talco, pañuelos de papel, algodón hidrófilo y un cepillo de dientes desechable con su dentífrico, que hallará en todas las farmacias. Si el baño es común, deje las toallas para el huésped en su habitación.

Por la noche compruebe que todo esté correcto y pregúntele si tiene costumbre de dejar pasar un poco de luz o si prefiere la oscuridad com-

pleta. En este caso preocúpese de cerrar las persianas. Infórmese sobre sus hábitos alimentarios, del desayuno al eventual vaso de leche antes de acostarse, y no olvide dejar en la habitación una botella de agua para la noche.

Si su invitado ha venido para descansar o es un solitario, no le obligue a la ceremonia de la visita de amigos y vecinos. Si es perezoso y le gusta pasar el rato en la tumbona del jardín, no trate de convertirlo en un corredor de maratón. Si no es él mismo quien los anima, no lo someta a los asaltos de sus hijos, sobre todo si son pequeños. Ponga a su disposición el teléfono; le corresponderá a él no aprovecharse. De todas formas, hoy en día casi todo el mundo viaja con su teléfono móvil.

En caso de que se prolongue la estancia, pregúntele si tiene necesidad de lavar ropa o de planchar una prenda. Y si se ofrece a echarle una mano en las pequeñas tareas domésticas, acepte, y según el grado de confianza, hágale partícipe de la vida familiar.

Convivir durante un breve periodo con una persona ajena a nuestra rutina habitual puede ser un entretenimiento agradable y también representar una oportunidad para desempolvar muchas pequeñas atenciones por el otro que se pierden fácilmente con la costumbre y la rutina.

Cuando el huésped es usted *En caso de que sea usted, durante algunos días, el huésped en casa de amigos, trate de no provocar trastornos y de adaptarse de buen grado a sus costumbres. No se presente con las manos vacías; lleve a los niños o a la dueña de la casa un regalo que les entregará después de la instalación en la habitación, cuando se encuentre con la familia al completo.*

En la habitación puesta a su disposición no ponga la maleta sobre la cama sino sobre una silla, del mismo modo que por costumbre no deben ponerse sobre la cama ni el sombrero ni el paraguas.

Si no tiene un cuarto de baño a su disposición, no llene el común con sus accesorios personales; reúnalos en un neceser que guardará en su habitación. Utilice las toallas que haya traído de casa o que hayan puesto a su disposición.

Si es una mujer, ¡cuidado con el carmín! No deje su marca al quitárselo; si no tiene pañuelos de papel, utilice un poco de papel higiénico. Lo mismo vale para el maquillaje, que deberá retirarse exclusivamente con los algodones adecuados, los cuales se tirarán con discreción al cubo de la basura. No utilice el perfume, la colonia o los cosméticos de la dueña de

45 A. DE C.: LA CORTESÍA DE CÉSAR

Estando de viaje, una tormenta obligó a César a refugiarse en la cabaña de un pobre, donde sólo encontró una pequeña habitación en la que apenas cabía una persona. Entonces dijo a sus amigos que, al igual que es necesario ceder el lugar de honor a personas insignes, hay que dar los lugares más cómodos a los enfermos. Ordenó a Opio que descansase en aquella pequeña habitación, mientras él, junto con los demás, dormía bajo el cobertizo de la entrada (de Plutarco, Biografías paralelas).

la casa, a menos que ella le pida expresamente que los pruebe. Tampoco use peines y cepillos de otros, y evite dejar pelos en el lavabo.

Si sufre alguna incompatibilidad alimentaria, avise a su anfitrión sin hacer un drama: sin duda hallará una fácil solución y evitará tener que dar lamentables excusas en caso de que le sirvan precisamente ese alimento.

Si está de vacaciones, disfrutará de cierta libertad de movimientos. Sin embargo, no olvide que está en casa de amigos y no en un hotel. Así pues, trate de atenerse a los horarios habituales y a los ritmos de vida de quien le acoge. Si no hay personal de servicio, es probable que aprecien un poco de ayuda por su parte, siempre que no invada su intimidad. Y recuerde que su habitación debe mantenerse siempre en orden.

Durante su estancia busque tiempo para comprar un pastel, un helado o alguna otra especialidad que regalar a los dueños de la casa, o bien invíteles a un restaurante.

La sencillez es siempre el arma vencedora, así que disfrute de la hospitalidad de quien le acoge correspondiendo con amistad y buen humor. Y si cuando se marche se le echa de menos, ¡podrá decir que ha sido un huésped perfecto!

Sentémonos a la mesa

Los animales se alimentan; el hombre come;
sólo el hombre de ingenio sabe comer.
(Jean Anthelme Brillat-Savarin)

Reunirse en torno a una mesa es algo más complicado de lo que parece. Los comensales representan un mundo en miniatura donde, en un espacio limitado, se encuentran los sentimientos, las emociones, las motivaciones y los intereses más dispares. ¿Cuántas veces, para conocer mejor a alguien, estrechar una relación laboral, corresponder a un gesto amable o aclarar malentendidos ha utilizado una invitación a comer o cenar?

Por eso, el arte de la mesa resulta complejo y presenta mil matices.

Saber combinar muchos elementos que, juntos, contribuyan a hacer «especial» esa reunión no es fácil: hay que mezclar con cuidado educación y cierta dosis de informalidad para que todo el mundo se sienta cómodo;

buen gusto y sencillez para que nada resulte forzado, y también psicología y espontaneidad, la primera para prevenir posibles roces; la segunda, para no alejar a las personas tras la barrera de una rígida forma. En definitiva: en torno a una mesa se pone a prueba toda su creatividad.

El factor humano es el primer elemento a tener en cuenta, seguido de los recursos que hacen de la mesa un lugar agradable y atractivo. Recuerde que una mesa puesta con gusto predispone a su invitado de forma positiva y le hace sentir importante, porque percibirá su atención en el cuidado de los detalles como una atención hacia él.

¿ALMUERZO O COMIDA?

Estos dos términos tienen el significado de «alimento que se toma al mediodía o a primeras horas de la tarde».

No obstante, el término almuerzo incluye además otra acepción, y es la de «alimento que se toma por la mañana».

Por tanto, si nos invitan a almorzar, conviene que concretemos la hora, para evitar situaciones embarazosas.

De todas maneras, especificar la hora es importante siempre, pues aunque en una invitación a cenar no se plantearía este problema, los márgenes de horarios pueden ser tan amplios que estableciendo una hora concreta se evitará llegar demasiado pronto o hacer esperar al anfitrión.

Agua

El agua nunca debe faltar en la mesa: en jarra o en botella, con gas o natural, este precioso líquido es la reina de las bebidas. El agua del grifo debe servirse en jarra; la mineral debe ponerse en la mesa en la botella original.

En la mesa, la copa para el agua es la primera por la izquierda y suele ser más grande que las demás.

Si se come fuera del círculo familiar, el agua y el vino nunca deben mezclarse. Resultaría incluso ofensivo para quien aprecia el buen vino y tal vez ha preparado para la ocasión una botella «especial».

Y recuerde que el agua no tiene calorías, por lo que puede beberse sin miedo a que engorde, pero teniendo en cuenta que una excesiva dilución de los jugos gástricos no facilita la digestión.

EL CONSEJO DE UN EXPERTO

«El vino, blanco o tinto, debe tomarse solo. El agua sirve para muchas cosas, pero en la mesa sólo para una. Al cambiar de botella de vino es aconsejable beber un sorbo (he escrito: un sorbo) de agua fría.» (Luigi Veronelli, I vini d'Italia).

Copas y vasos

Incluso en una comida informal las copas en la mesa deben ser al menos dos: una más grande para el agua y otra, algo más pequeña, para el vino.

Para su comida habitual, incluso regada con un buen vino, cualquier vaso resulta adecuado, pero tenga en cuenta que los vinos de calidad deberían servirse siempre en copas (la mejor forma es la de tulipán), a ser posible incoloras para resaltar el aroma y el color del líquido.

En cambio, si pone la mesa para una comida más importante y tiene previsto servir varios tipos de vino, las copas serán tres: de izquierda a derecha, dispondrá la copa más grande para el agua, luego la mediana para el vino tinto y, por último, una más pequeña para el blanco. Puede añadirse una cuarta copa si al final de la comida se prevé un brindis con cava. En este caso usará el tipo flauta (copa alta y estrecha). Si la comida se acompaña con cava, disponga sólo dos copas: la del agua y la del cava.

Si las copas dispuestas sobre la mesa no son más de dos o tres, deben ponerse delante del cuchillo, ligeramente a la derecha del plato. Si son cuatro, se pondrá la del agua delante del plato y a la derecha, en sucesión, las demás. A falta de espacio también pueden agruparse en lugar de disponerse en fila, pero siempre poniendo la del agua en el extremo izquierdo.

Las copas, como los platos, deben ser todas del mismo estilo y, a ser posible, no presentar tallas ni arabescos demasiado vistosos que no permitan resaltar el color de la bebida. Sólo para los vinos de postre puede utilizar vasos o copitas de colores.

Las copas deberán llenarse como máximo hasta la mitad de su capacidad y nunca deben retirarse de la mesa; sólo las que no hagan falta serán retiradas antes del postre. Al cambiar de tipo de vino, debe sustituirse la copa, aunque sirva vino del mismo color que el anterior.

Si al final de la comida ofrece un licor, deberá emplear una copa adecuada, por lo general de pequeño tamaño. Para el vodka recuerde usar el vaso apropiado y servirlo a la temperatura idónea. Por su parte, el coñac se sirve en grandes copas anchas para que el calor de la mano «libere» su aroma.

Y, para concluir, algunas pequeñas normas imprescindibles:

Una cristalería... para cada ocasión

1 vaso de whisky

2 copa de cóctel

3 copa tulipán (vino)

4 tumbler o tubo (cóctel)

5 copa tulipán grande (vino)

6 copa burdeos (vino)

7 copa de coñac

8 copa de licor

9 copa borgoña (vino)

10, 11 flauta (cava seco)

12 copa pequeña (vino de postre)

13 copa (cava dulce)

14 tumbler para ponche

- al sentarse a la mesa evite pasar la servilleta por el borde de la copa: es como decir que quien le ha invitado no ha cuidado la limpieza de la cristalería;
- antes de beber deberá haber ingerido por completo el bocado que lleva en la boca, y recuerde limpiarse los labios con la servilleta;
- las señoras deben prestar atención para no dejar marcas de carmín en el borde del vaso;
- si bebe de una copa recuerde que debe sujetarse por el pie y sólo con dos dedos (el pulgar y el índice); mejor aún: sostener la copa por la base del pie;
- al beber no se va al encuentro del vaso; es este el que debe llevarse a la boca;

- beba los líquidos sin hacer ruido;
- el deseo de no recibir más vino se manifiesta con un gesto discreto, sin cubrir con la mano el borde de la copa;
- al servir una bebida se vierte siempre por la derecha.

En cuanto a los **posavasos**, hoy en día se tiende a eliminarlos de la mesa ya que pueden ocupar más espacio del necesario. Sin embargo, se usarán en el salón en caso de que se sirva un aperitivo, un digestivo o un refresco.

Centro de mesa

Un bonito centro de mesa le permitirá dar rienda suelta a su fantasía y sin duda arrancará una exclamación de sorpresa a sus comensales.

Puede usar cuencos de cristal o cerámica, de los que suelen utilizarse como contenedores de pastas saladas y chocolatinas, para composiciones multicolores con flores de la estación o bien con flores y fruta, flores secas y velas, etc. También los objetos de alpaca o plata pueden quedar bien, siempre que el conjunto no dé una idea de ostentación.

De todos modos, evite las composiciones verticales, que podrían impedir a los comensales mirarse con comodidad a la cara, congelando la conversación. Y, como siempre, trate de no excederse: mejor que un centro de mesa demasiado «pesado», que seguramente ocupará mucho espacio, son preferibles las pequeñas composiciones distribuidas por la mesa.

Alimentos particulares: cómo degustarlos

¿Cuántas veces ha mirado dentro del plato y se ha preguntado con desconsuelo cómo afrontar su contenido? Si la respuesta es «nunca», es un perfecto comensal digno de la mesa de un rey. En cambio, para los menos expertos que saben qué significa, ante un alimento más o menos «inusual», mirar de reojo a los demás en espera de que hagan el primer gesto, ofrecemos algunas sugerencias. Y en cualquier caso, recuerde que calma, *saber hacer y naturalidad siempre le serán de ayuda.*

- *El **caldo** y las **cremas** se beben directamente de las tazas adecuadas, que se sostienen por las dos asas. La cuchara (mediana) le servirá sólo para amalgamar el queso, si se incluye, o como máximo para probar. Recuerde no soplar si el caldo está muy caliente.*
- *Los **primeros platos secos** se comen sólo con el tenedor, al igual que todos los **segundos blandos**, como flanes de carne picada, tortillas o albóndigas. En el caso de un bocado rebelde podrá ayudarse con un trocito de pan.*
- *Si no se está en familia, el **pollo** nunca deberá tocarse con las manos: es imprescindible utilizar cuchillo y tenedor.*
- *Si se encuentra en el plato un **pescado** que le apetece, no hay problema: demuéstrele quién manda de los dos. Comience a quitar con los cubiertos correspondientes primero las aletas dorsales y luego las ventrales, y a continuación corte el pescado por la mitad a lo largo del costado. Ahora no le será difícil quitar la piel, siempre con los cubiertos. Dé la vuelta de lado a las dos mitades del costado y quite la espina, cabeza y cola incluidas. El pescado ya es todo suyo... En un restaurante, la misma situación se resolverá con facilidad, ya que el camarero le preguntará si desea el pescado ya sin espinas.*
- *La **langosta** suele presentarse ya preparada y recompuesta bajo la coraza, así que no hay problema: saboréela utilizando tenedor y cuchillo de pescado.*
- *Las **ostras** se rocían, al gusto, con unas gotas de limón. Sujete la ostra con una mano mientras desprende el molusco de la concha con el correspondiente tenedor de tres dientes.*
- *Los **caracoles**, si no son en salsa, se sirven en la mesa en sus conchas, en platos con hoyitos especiales. Con las pinzas en una mano sujete bien la concha y con la otra extraiga el caracol mediante el correspondiente tenedor de dos dientes.*
- *Si se sirven **espárragos** enteros dispondrá también de las pinzas para cogerlos; en caso de que sólo se sirvan las puntas, utilice el tenedor.*

Fruta

- *Los **albaricoques** se cogen con la mano y, ejerciendo presión en ambos extremos, se abren a lo largo del surco. Se quita el hueso con el cuchillo y se comen con las manos; sin embargo, si la pulpa no es compacta es mejor utilizar el tenedor.*
- *Las **naranjas** y **mandarinas** se cogen con la mano y se pelan con el cuchillo; a continuación se van separando los gajos con las manos.*

- Los **plátanos** se pelan con ayuda del cuchillo. A continuación se coloca la pieza en el plato y se corta con cuchillo y tenedor.
- Los **caquis** se cortan por la mitad horizontalmente y luego se come la pulpa con una cucharilla.
- Los **higos** se cortan con el cuchillo en cuatro trozos, aunque sin separarlos por completo en la base. Después se coloca la pieza en el plato y se come la pulpa con el tenedor, después de separar la piel con el cuchillo.
- Las **manzanas, peras** y **melocotones** se cortan en cuatro partes con el cuchillo. Luego se pincha con el tenedor un cuarto cada vez, se pela con el cuchillo, se quita el corazón o el hueso y se come la pulpa con tenedor y cuchillo.

Comportamiento en la mesa

Las normas de un comensal educado pueden parecer aburridas, pero son imprescindibles para evitar quedar mal justo con esa persona que nos «interesa tanto». Veámoslas.

- *La dueña de la casa suele ser la primera en sentarse después de asignar los asientos.*
- *Tanto en un restaurante como en casa, un gesto de caballerosidad siempre actual es, por parte del hombre, sentarse después de apartar la silla de la compañera o de las señoras presentes, a fin de que se sienten con más comodidad.*
- *Al sentarse adopte una postura cómoda pero decorosa, con la espalda recta y a una adecuada distancia de la mesa.*
- *Entre un plato y otro las manos deben colocarse sobre la mesa, con los codos junto al cuerpo.*
- *Sólo puede coger el pan cuando se ha servido un plato. No lo corte nunca con el cuchillo; coja un bocado cada vez, tratando de no llenar su sitio de migas.*
- *Los colines se comen sin partirlos antes.*
- *No mire el plato de los demás para que le ofrezcan un poco.*
- *No se incline sobre la mesa para alcanzar el agua; debe pedirla.*
- *Nunca ofrezca algo a otro comensal pasando por delante de su vecino.*
- *La servilleta debe apoyarse sobre las piernas sin extenderla por completo. Cuando se levante de la mesa apóyela a la izquierda del plato, recogiéndola sin doblarla.*

AHORA COMO ENTONCES

El comportamiento en la mesa posee una larga tradición que, por razones evidentes, ha ido renovándose con el paso del tiempo. Bonvesin de la Riva, poeta y maestro italiano de gramática del s. XIII, en su libro Cincuenta cortesías de mesa, escribe: «La octava cortesía es, Dios nos dé prosperidad, no llenar demasiado la boca ni comer demasiado deprisa; el glotón que come deprisa llenándose la boca, si fuese interpelado, tendría dificultades para responder. [...] No hagas ruido con la boca cuando comas con la cuchara, el hombre y la mujer que hacen ruido con la cuchara hacen como la bestia que pasta» (Bonvesin de la Riva, De quinquaginta curialitatibus ad mensam).

- *Por norma general no debería recoger con el pan la salsa que ha quedado en el plato; sólo en familia está permitido, siempre que use un tenedor y no los dedos.*
- *No se sirva de la fuente utilizando su tenedor.*
- *Si no desea un alimento, pase la fuente directamente a su vecino, o bien diga sencillamente «no, gracias» al camarero que se lo ofrece. Por el contrario, no se debe rechazar el alimento ofrecido en platos individuales: como mínimo pruebe un bocado y deje el resto.*
- *Si le sirven vino o agua, no levante el vaso hacia la botella.*
- *No alargue el vino con agua: si es demasiado fuerte, tome sólo un pequeño sorbo.*
- *No saque ningún alimento de la boca. La única excepción son los huesecillos y las espinas.*
- *No aparte el plato usado en espera de que sea retirado de la mesa.*
- *No limpie con la servilleta platos, vasos o cubiertos.*
- *No vacíe el vaso de un solo trago sino en varias veces, recordando secarse los labios después de beber. Al beber, no eche hacia atrás la cabeza.*
- *Hable sólo después de ingerir por completo el bocado.*
- *Evite hacer ruido con la boca mientras mastica y no «sorba» los platos con caldo. Está permitido inclinar un poco el plato hondo para recoger con la cuchara la sopa que queda. Sin embargo, en este caso el plato deberá inclinarse hacia el centro de la mesa y no al contrario.*
- *Cualquier alimento líquido servido en una taza con asa debe tomarse de la taza misma.*
- *No se incline para «ir al encuentro» de la comida; lleve la comida a la boca.*
- *No sople sobre un alimento o una bebida demasiado calientes.*

- No ahogue la comida en las salsas ni la entierre bajo el queso ralla-do. Las salsas de tipo mayonesa, tártara, etc. o las cremas densas presentadas en su salsera deben disponerse en el plato junto al alimento y no encima de él.
- No se lance sobre un alimento en perjuicio de los demás comensales.
- Nunca está permitido el uso de palillos.
- No se sirva la sal y la pimienta ni con los dedos ni con la punta del cuchillo. Si es necesario, pida una cucharilla.

Licores

Cuando la compañía es agradable se tiende a alargar el tiempo, que, como es sabido, pertenece a dos categorías: el marcado por las agujas del reloj y el vivido por la mente. A esta segunda categoría pertenece el fin de la velada relajado, con los amigos, tomando un buen licor.

Para estas ocasiones tenga a disposición al menos dos tipos de whisky, tradicional y con malta, y también coñac, grapa, licores (conviene tener de varios tipos con distintos sabores), cremas, ginebra, vodka.

LA LEYENDA DEL NACIMIENTO DEL COÑAC

«Érase una vez en el siglo XVI, en Segonzac, a unos veinte kilómetros de Cognac, un noble caballero, Jacques de la Croix-Maron, que dedicaba obstinados cuidados a la destilación del vino, obteniendo un alcohol poco bebible que había que corregir con hierbas aromáticas.

»Una noche tuvo una pesadilla: le pareció que el diablo lo había puesto a hervir para obtener su alma, aunque sin resultado. Dado que no conseguía destilar el alma del reticente caballero, el Príncipe de las Tinieblas interrumpió la labor diciendo: "Para conseguir tu alma será necesario repetir la operación, y verás como esta vez lo consigo".

»El caballero se despertó sobresaltado y pensó, por analogía, que para obtener la inasequible alma de su vino sería necesario destilarlo por segunda vez, cosa que hizo enseguida. Volvió a destilar el líquido y del alambique salió un aguardiente perfumado, delicado, nunca antes saboreado» (Cesare Marchi, Quando siamo a tavola).

Menú

La elección del menú requiere toda su atención y variará según la estación, la importancia de la invitación, el tiempo de que dispone y la ayuda con la que cuente en la cocina. Nadie mejor que usted, que seguramente conoce también los gustos de sus invitados, podrá valorar qué servir en la mesa.

- Trate de no ofrecer varios platos con los mismos ingredientes (leche, nata, queso) o bien dos platos seguidos demasiado sustanciosos. Una importante precaución consiste en variar, así que antes y después de un plato rico y elaborado sirva algo ligero y fácil de digerir.
- En un almuerzo o cena importante nunca ofrezca recetas que nunca ha probado. Podría encontrarse con desagradables sorpresas.
- Si es posible, infórmese con discreción sobre posibles alergias o incompatibilidades alimentarias de sus invitados. No les ponga en la situación de tener que comer por pura educación un alimento determinado; tenga a mano alguna alternativa. En caso de que se trate de un ingrediente que es posible servir aparte, como por ejemplo la trufa en un arroz, en lugar de rallarla encima puede sacarla a la mesa, en un platito, con el rallador correspondiente. Sirva las salsas aparte y deje que cada uno se condimente el plato a su gusto y según sus preferencias.
- En invierno evite los alimentos fríos y, viceversa, los alimentos muy calientes en verano. Del mismo modo, en verano sus invitados apreciarán un postre a base de helado o de fruta y no cremas o nata montada, difíciles de digerir. En invierno, además de la fruta de temporada, sirva repostería (pasteles, bizcochos) y frutos secos.
- Si no vive en una casa muy grande, evite los fritos, que dejan en el aire un olor desagradable.

Algunos consejos H

- Si no dispone de personal de servicio, trate de programar platos que no exijan su presencia en la cocina hasta el último momento, ni que transformen su comida en una perpetua maratón entre el comedor y la cocina, cosa que no le permitiría sentarse tranquilamente a la mesa con sus invitados. En verano no tendrá dificultad para preparar con antelación unas excelentes ensaladas de pasta o arroz, tomates o pimientos rellenos, ensaladas de legumbres o ensaladas verdes enriquecidas con ingredientes como aceitunas o huevos duros. En invierno, una taza de caldo será siempre apreciada, sobre todo si se obtiene de un buen cocido. Además, hay diversas recetas que podrá preparar antes de la llegada de los invitados y calentar en el horno en el último momento. Si la preparación de algún plato debe hacerse al momento, procure cocinar durante el aperitivo, para evitar tener que levantarse luego de la mesa.

LOS PLATOS: ALGUNAS NORMAS

En general, el orden de los platos es el siguiente:

— entremeses
— primer plato
— pescado
— plato de carne y ensalada
— quesos
— postre
— fruta

• Los **entremeses** a base de embutidos y encurtidos se sirven sólo a mediodía. El caviar, las ostras, el salmón y el cóctel de gambas también son adecuados para la noche.
• Los **primeros platos** como pasta, arroces, suflés y timbales se sirven a mediodía. Por la noche, sobre todo para una cena muy importante, es mejor un consomé, un simple caldo o una crema. En cualquier caso, los primeros de cuchara se sirven sólo por la noche.
• El **pescado** no tiene normas particulares en este sentido. Debe seguir al primer plato y preceder siempre a la carne, porque los sabores delicados deben preceder a los fuertes.
• La **carne** es el plato fuerte. En una comida formal se sirve sólo carne caliente. La carne fría está prevista en verano para el almuerzo o para una comida de pie.
• El segundo se acompaña siempre de al menos dos **guarniciones**.
• La **ensalada** puede acompañar a la carne, aunque puede sustituirse por verdura cocida.
• Si la ocasión es importante y decide incluir un plato a base de pescado antes de la carne, entre los dos sitúe como digestivo un **sorbete** de limón, naranja, cava y menta.
• Los **quesos** se sirven a mediodía.
• El **postre** debe servirse siempre antes de la fruta. Por la noche, el postre puede ser un helado o un sorbete, o bien un semifrío o un budín, o alguna otra cosa, siempre ligera, a su gusto.
• La **fruta** no es obligada en las comidas elegantes ni en la cena. Sin embargo, cuando la sirva, una vez terminado el postre, preocúpese de retirar de la mesa el correspondiente plato y los cubiertos, que sustituirá por los adecuados para la fruta.

Aunque la ocasión no sea de las más importantes, será un bonito detalle preparar, a la derecha de las copas, un menú para sus invitados. Puede escribirlo a mano en una cartulina o imprimirlo con el ordenador.

Recuerde que en el menú no se cita el pan, la mantequilla y las verduras servidas en el mismo plato con un alimento; sí se mencionan en cambio las que se sirven aparte. La fruta, si la hay, se cita de forma genérica. Puede especificar el postre. Los vinos deberían indicarse con los platos a los que acompañan, aunque hoy en día es costumbre enumerarlos al final de la lista.

Invitado de honor

En general, por «invitado de honor» suele entenderse una persona con la que no se tiene mucha familiaridad pero a la que se reconoce una superioridad social, intelectual o incluso moral. Es probable que no le resulte fácil invitar a casa a este invitado particular: primero tiene que esperar una justificación para la invitación, en definitiva, esperar a que se cree la ocasión adecuada. Si una persona importante rechaza su petición, no repita varias veces la invitación: insistir sería inoportuno. Si lo desea, verifique que la negativa se debe a un motivo válido y que no es una excusa diplomática.

Recibir a esta persona será para usted un motivo de gran satisfacción, ya que se sentirá honrado por su presencia en su casa. Por consiguiente, prestará una especial atención al éxito del encuentro.

Extienda la invitación a un reducido número de conocidos o amigos a los que considere a la altura de la situación. Si no son muchos le será más fácil mantener bajo control todos los detalles. Cuide la mesa sin excederse y resalte algunos detalles refinados; no se esfuerce por servir platos muy elaborados y escoja con la máxima atención los vinos adecuados.

Preste al invitado de honor toda la atención que considere que se le debe, aunque sin convertirlo en un icono. Si sabe crear un ambiente capaz de suscitar su interés, equilibrando una adecuada dosis de respeto y cordialidad, podrá volver a tenerlo como invitado en una futura ocasión.

Vajilla

Sin duda, la prisa es mala compañera de la vajilla, que se arriesga a romperse en cada comida. Por ello, en la mesa cotidiana no es difícil hallar platos con roturas o una mezcla de estilos y colores formada por los supervivientes de viejas vajillas.

Aunque la ocasión le parezca banal y sin importancia, como la habitual comida casera, recuerde que sentarse a la mesa tiene siempre un profundo componente simbólico y un significado que acerca este gesto familiar a una forma de rito, tanto si lo celebra solo o con otros. Así pues, atribúyale la importancia que merece y concédase, incluso para las comidas cotidianas, una vajilla que, con poco gasto, haga la mesa agradable y acogedora.

Por el contrario, la «vajilla buena» es la reliquia de cada casa. Heredada de abuelas o bisabuelas, o recibida como regalo de bodas o comprada con el mismo impulso de un gesto de amor, ninguna casa, aunque sea pequeña o modesta, carece de ella. Puede ser de diversos materiales y estilos, desde la clásica vajilla sólo blanca o sencillamente bordeada de dorado o azul, o bien con decoraciones de fruta o flores, hasta la moderna vajilla de vivos colores. La porcelana, refinada y resistente a los golpes, constituye el material más valioso, mientras que la loza y la cerámica son materiales más frágiles y por lo general más rústicos.

La «vajilla buena» permite sentar a la mesa a diez o doce personas sin crear demasiados problemas de cambios y debería componerse de:

- 24 platos planos para arroces, pastas y segundos;
- 12 platos hondos para sopas;
- 24 platitos de fruta;
- 12 tazones de caldo con sus platos.

Además, las fuentes de servir:
- 1 recipiente ancho y bajo para el arroz;
- 1 recipiente adecuado para los primeros platos sin caldo;
- 1 sopera;
- 3 fuentes ovaladas de diversos tamaños;
- 1 fuente redonda para timbales y similares;
- 2 salseras.

Sin olvidar las clásicas fuentes refractarias, que permiten servir en la mesa los alimentos recién sacados del horno. Las hallará en el mercado de diversos tamaños, y pueden ser elegantes o rústicas según el soporte en el que las apoye: plata, metal, mimbre, paja u otros materiales, que se escogerán según el tipo de «mesa».

UN TOQUE ADICIONAL: EL BAJOPLATO

El bajoplato, o plato de cortesía, se ha convertido en un elemento decorativo de gran importancia en la preparación de una mesa cuidada. Tiene mayor tamaño que los demás platos y se dispone en primer lugar, en contacto directo con la mesa. Si quiere usar este agradable elemento decorativo recuerde que, por sus dimensiones, requiere cierto espacio entre un comensal y otro.

Los hay de diversos materiales, y también puede escogerlo distinto del resto de la vajilla, siempre que lo haga con buen gusto. Sin embargo, si pone en la mesa un bajoplato de plata con adornos, estos deberán ser del mismo estilo que los cubiertos.

Por lo general, el bajoplato es retirado de la mesa después de consumir el segundo con sus correspondientes guarniciones.

Para las ensaladas se prestan muy bien los cuencos de cristal o vidrio, a ser posible de líneas sencillas, a fin de poderse adaptar a cualquier tipo de vajilla. Lo mismo vale para las copas de helado, postres de cuchara y macedonia.

Como es natural, puede completar la vajilla con innumerables ofertas del mercado: fuente para los espárragos, platos para las ostras, para los caracoles, para la fondue, para el pescado y, por qué no, para la pizza.

La mesa es una composición, ¡y debe ser un artista de talento!

Cubertería

En las comidas importantes el número de cubiertos corresponde al número de platos, hasta un máximo de tres tenedores y tres cucharas. Si resulta necesario un cuarto cubierto, se trae en el momento.

Al poner la mesa, recuerde que no debe haber presentes más de dos cuchillos, a menos que uno sea el de pescado. Ponga en la mesa la cuchara grande sólo si sirve sopa en platos hondos. En caso de caldo en tazón ponga en la mesa la correspondiente cuchara sólo en el momento de servir, apoyándola en el platito que acompaña al tazón.

Los primeros cubiertos que deben utilizarse, entre los dispuestos en la mesa, son los más externos respecto al plato. Al acabar de comer, los cubiertos se dejan sobre el plato juntos (en una posición similar a la de las agujas del reloj entre las 3,15 y las 5,25), con los dientes del tenedor dirigidos hacia arriba.

Recuerde que los cubiertos no son armas, por lo que no se empuñan sino que se manejan delicadamente con dos dedos.

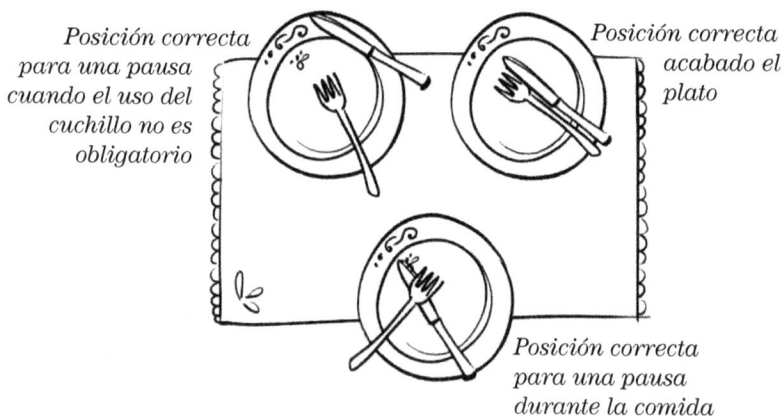

Posición correcta para una pausa cuando el uso del cuchillo no es obligatorio

Posición correcta acabado el plato

Posición correcta para una pausa durante la comida

Cuchillo Debe ponerse a la derecha del plato y con la hoja hacia dentro; nunca debe llevarse a la boca. Sirve sólo para los alimentos que no se pueden partir con el tenedor. Se coge con el índice apoyado en el dorso del mango, pero sin tocar la hoja.

Está prohibido cortar toda la comida en bocados antes de comerla. Por el contrario, se corta un bocado cada vez y se pincha con el tenedor antes de llevarlo a la boca. En las pausas, el cuchillo se apoya en el plato mismo, en posición simétrica al tenedor, con las puntas tocándose.

• Al elegir los cubiertos dé preferencia, por encima de cualquier otra consideración, a la funcionalidad. Para que pueda cortar bien, el cuchillo debe tener la hoja más larga que el mango, a ser posible de acero inoxidable. Es mejor que el tenedor tenga los dientes largos, y la cuchara más práctica es la de forma tradicional, con la parte cóncava alargada.

H *Algunos consejos*

• Si tiene que comprar una cubertería opte por las formas clásicas y sencillas, escogiéndola, a ser posible, de acero inoxidable y de buena marca.
• Si no tiene más de una cubertería, evite las que tienen los mangos de colores: son bonitas, pero no se adaptan a una mesa elegante y limitan la elección de los colores de los demás componentes de la mesa.

Cuchillo pequeco. *Sirve para pelar y cortar la fruta, así como para algunos tipos de queso.*

Cuchillo de pescado. *Es imprescindible cuando se come pescado. Si no está presente en la mesa, el comensal está «autorizado» a utilizar un trocito de pan.*

Cuchara *Se dispone a la derecha del plato con la parte cóncava apoyada en el mantel. Sirve para comer la sopa del plato hondo.*

Debe llenarse hasta la mitad de su capacidad con un movimiento desde el borde hacia el centro de la mesa. La acercará con la punta dirigida a la boca, evitando producir ruidos de «campana extractora» y sorber más de una vez de la misma cucharada.

Cuchara mediana. *Utilícela para mezclar y probar el caldo y las cremas en tazón, o bien para los postres cremosos. Nunca la deje en la taza, sino en el platito.*

Cucharas pequecas. *La más pequeña es la cucharilla de café. Sirve para mezclar el azúcar en las tazas de té o de café. El movimiento no debe ser de rotación sino vertical, desde arriba hacia abajo y viceversa. Un poco mayor es la cucharilla de postre.*

Cuchara de paleta. *Sirve para saborear helados y sorbetes.*

Tenedor *Debe colocarse a la izquierda del plato, con la parte cóncava apoyada en la mesa. Se sujeta entre el pulgar y el índice, con las puntas hacia arriba. Cuando se utiliza junto al cuchillo para cortar la comida, las puntas se dirigen hacia abajo con el índice extendido a lo largo del mango. En las pausas se apoya en el plato paralelamente a la mesa.*

Tenedor pequeco. *Sirve para la fruta y los postres sólidos. En general, los cubiertos de la fruta y del postre se ponen en la mesa en el momento de servir, apoyados en el platito.*

Tenedor de dos dientes. *Debe ponerse a la derecha del plato y sirve para sacar los caracoles de la concha. Las pinzas para caracoles se disponen a la izquierda del plato.*

Tenedor para langostas. *Se pone a la derecha del plato.*

EL FINGER FOOD CONQUISTA RESTAURANTES, SALONES, BANQUETES DE BODA

«Finger food: abandone los cubiertos y coma con las manos. La comida para coger con los dedos (finger, en inglés) es la última tendencia. Procedente de Francia, Inglaterra y Estados Unidos, donde está muy difundida, ha entrado en los restaurantes y en las casas [europeas] revolucionando las normas de los buenos modales. Llevarse a la boca una croqueta con las manos ya no se considera un gesto de maleducados, o incluso de "caníbales", como afirmaba en 1589 El hombre en la ventana del club, el anónimo redactor de The habit of good society.»
(De Il Corriere della Sera del 9 de octubre de 2004)

Cubiertos varios

Cubiertos de pescado. *Son indispensables en una comida formal. En ocasiones menos importantes puede cortar el pescado con el tenedor, o con la ayuda de un trozo de pan si es necesario.*

Cubiertos de postre. *Colóquelos un poco por encima del plato, la cuchara con el mango hacia la derecha, el tenedor con el mango a la izquierda. Sirven para los postres cremosos, que deben llevarse a la boca con la cuchara; el tenedor sirve sólo para empujar dentro de la cuchara posibles trozos de fruta o chocolate mezclados con la crema. Después de utilizarlos, estos cubiertos deben dejarse en el platito y nunca en la copa de postre.*

Cubiertos de servicio. *Están formados por cazo para sopa, cucharón para arroz, cubierto para servir los espaguetis, cucharón y tenedor grande para las verduras, cacito para salsa, cuchillo para el queso, paleta de pastel, cuchillo de pastel y paleta de helado.*

Asientos

El de la asignación de los asientos es un problema de cierta importancia que requiere una buena dosis de diplomacia y un conocimiento, al menos aproximado, de sus invitados. ¿Es mejor seguir la etiqueta o el sentido común? No siempre las dos cosas van de la mano. A usted le corresponde hallar equilibrio y hacer uso de todo su saber hacer.

Como es natural, hay unas normas codificadas previstas por los buenos modales a las que puede remitirse, que se enumeran a continuación.

• Los dueños de la casa se sientan en los extremos de la mesa y uno frente a otro. A su derecha se sitúa el invitado más importante, sin olvidar la alternancia hombre-mujer entre todos los comensales.

Cómo asignar los asientos en la mesa

Dueña de la casa

puerta de la cocina

Señor más importante

Segundo señor por orden de importancia

Mujer

Mujer

Hombre

Hombre

Segunda señora por orden de importancia

Señora más importante

Dueño de la casa

• El dueño de la casa tendrá a su derecha a la señora más importante, y a la izquierda a otra señora. La dueña de la casa, a su vez, tendrá a su derecha al hombre más importante y a la izquierda a otro invitado.

• Los solteros y las personas de la familia ocupan los lugares más alejados de los dueños de la casa.

Entre formalidad e informalidad

- Podría ser que un comensal a quien la etiqueta sitúa en un lugar determinado se halle junto a alguien con quien no comparte ningún interés o bien por el que no siente demasiada simpatía. Sin tener que transformarse en un estratega, usted podrá encontrar una solución en cada caso, justificando los posibles lugares «fuera de la norma» con alguna simpática excusa.
- Si cree que la susceptibilidad de uno de sus invitados choca con la de otro, haga dos invitaciones separadas. La solución será gravosa para usted pero evitará toda una serie de protestas y quejas sobre su capacidad como anfitrión.
- En líneas generales, siempre resulta válido el principio de alternar a hombres y mujeres, de asociar a personas con intereses similares y, a ser posible, para no crear situaciones incómodas, de la misma clase social.
- Si hay extranjeros que no conocen bien la lengua común a los demás invitados, asegúrese de que quien se sienta a su lado puede hacer de intérprete sin problemas.

- *En las comidas familiares, estando presentes los cuatro suegros, el dueño de la casa tiene a la derecha a su suegra y a la izquierda a su madre, mientras que la dueña de la casa tiene a su suegro a la derecha y a su padre a la izquierda.*
- *Si una pareja invita a otra pareja, las dos señoras se sientan una frente a otra. La dueña de la casa tiene a su derecha al invitado y a la izquierda al marido. Si la mesa es rectangular, la dueña de la casa y el invitado se sientan en el mismo lado (él a la derecha de ella), y el dueño y la invitada en el otro lado (ella a la derecha de él).*
- *Si una pareja invita a una persona sola, esta se sienta a la derecha del dueño de la casa si es mujer, y a la derecha de la dueña si es hombre.*
- *Hay que separar en la mesa a las parejas casadas, y lo mismo puede decirse de los «grandes amigos» y compañeros de trabajo, pues en caso contrario tenderían a conversar exclusivamente entre sí.*
- *Si quien invita es soltero, concederá el asiento de la dueña de la casa, es decir, frente a él, a la señora a la que pretende dar mayor importancia. Esta última tendrá a ambos lados a los dos invitados masculinos más importantes.*
- *Si una señora sola invita a una pareja, tendrá a su derecha a la invitada y a la izquierda al invitado.*
- *Entre invitados de igual importancia y aproximadamente la misma edad se da la preferencia a quien es menos amigo de la casa. Un forastero tiene siempre preferencia sobre los demás comensales.*

Tarjetas

Sin duda, a sus invitados les gustará encontrar su nombre junto al asiento que se les ha asignado. Tendrán la sensación de hallarse en el... lugar adecuado en el momento adecuado.

Con las tarjetas puede dar rienda suelta a su fantasía. Hoy en día se venden publicaciones especializadas que pueden ofrecerle mil sugerencias simpáticas. En cualquier caso, siempre resulta adecuada la simple cartulina impresa que se pondrá encima del plato, delante de los cubiertos de postre.

Si los amigos son íntimos, bastará escribir el nombre; en caso de conocidos, indique un genérico «señor» o «señora» con nombre y apellido.

En las grandes recepciones se suele poner en la entrada, bien a la vista sobre un mueble, el esquema de la mesa con el nombre de cada invitado indicado en el lugar que le corresponde.

De todos modos, al diseñar las tarjetas debe ponerse unos límites, recordando que lo «bonito» no está en el simple objeto sino en todo el conjunto. Por lo tanto, evite las tarjetas desproporcionadas respecto a las dimensiones de los platos y la mesa. Y atención a los colores, que deben estar a tono con los de la vajilla y la mantelería. Por último, cuide también el estilo: una tarjeta divertida y alegre debe ser adecuada para la ocasión, al igual que una delicada y elegante.

Servir en la mesa

Servir una comida y hacerlo de forma apropiada es una tarea que requiere calma y atención. Si dispone del personal cualificado, sólo deberá dar su toque personal; si no es así, bastarán algunas sencillas medidas para quedar bien.

• Las fuentes se ofrecen por la izquierda, comenzando por la persona de mayor importancia, que debería ser la señora situada a la derecha del dueño de la casa. Se continúa sirviendo a todas las señoras hasta la dueña de la casa. Luego, por orden: al hombre a la derecha de la dueña de la casa, a todos los hombres y por último al dueño de la casa.

• Por lo general cada comensal se sirve él solo, directamente de la fuente, que debe sostenerse por debajo con la ayuda del brazo y evitando apoyar los dedos en los bordes. Los cubiertos para servirse deben dirigirse hacia el invitado.

• *El vino se sirve por la derecha, después de la primera vuelta de los entremeses, llenando la copa hasta la mitad. El personal de servicio, o el dueño de la casa, se preocupará luego de añadir de vez en cuando, mantenien-do siempre en la copa la cantidad adecuada. Y recuerde: con el cambio del tipo de vino también debe sustituirse la copa.*

• *Los platos se cambian con cada alimento, pero sólo cuando todos los comensales hayan terminado. Así pues, ¡ojo a los charlatanes!*

• *El plato que debe sustituirse se retira por la derecha, dejando sobre el mantel el plato de respeto si lo hay.*

• *El siguiente plato, que se tendrá la precaución de calentar un poco si es caliente, se coloca sobre el plato de respeto por la izquierda. Para disponer de platos templados puede comprar las correspondientes bolsas calientaplatos o bien meterlos en el agua caliente o en el horno apagado pero aún caliente.*

• *El plato principal debe servirse dos veces. La primera vez los comensales se sirven con moderación precisamente para poder aceptar el segundo «paso». En caso de que un solo invitado quiera una segunda por-*

• En torno a los invitados todo debe desarrollarse con la máxima desenvoltura. Si surge algún contratiempo, no lo convierta en una cuestión de vida o muerte; póngale remedio con una sonrisa, como si nada hubiese ocurrido.

Algunos consejos H

• Dé un ritmo adecuado a la sucesión de los platos: recuerde que sus invitados no tienen que dormirse pero tampoco tener la impresión de participar en una prueba cronometrada.

• Si entre un plato y otro le parece que la conversación cae en el silencio o toma una orientación poco oportuna, intervenga con una frase ingeniosa o contando alguna anécdota.

---

ción, al menos uno de los dueños de la casa, para que no se sienta incómodo, le hará compañía sirviéndose a su vez.

• *El caldo en tazón, la sopa, el queso y la fruta se sirven una sola vez.*

• *Si está previsto el platito del pan, este debe colocarse arriba, a la izquierda del plato. A medida que los invitados se quedan sin él, el pan de-*

be reemplazarse enseguida cogiéndolo, con las pinzas o con cuchara y tenedor, de la correspondiente cesta.

* *Antes del postre hay que retirar de la mesa el pan que haya quedado y los platitos en los que está colocado, si los hay, así como las copas de vino que ya no se utilizarán; en cambio, se dejarán las del agua.*

Mantelería

Es posible que la abuela le haya dejado un precioso mantel bordado que lleva años en el armario. ¿Qué mejor ocasión que un almuerzo o una cena a los que quiere dar cierto «tono» para hacerlo admirar? El clásico mantel blanco, eventualmente adornado con encajes o bordados, es insustituible para las ocasiones importantes. El blanco resalta la plata, si la hay, y combina sin problemas con cualquier color, permitiéndole algunos caprichos con las decoraciones. Además es más fácil de lavar, al no crear problemas con la lejía (aunque algunos tejidos importantes requieren algunos cuidados adicionales, sobre todo para el planchado). Recuerde que la ropa de mesa no debe tratarse con productos perfumados como aprestos o suavizantes.

En cambio, para un mediodía al aire libre o en una terraza, dé preferencia a los colores pastel, ya que el blanco podría resultar molesto a la luz del sol. Con ocasión de un almuerzo campestre, adapte la mantelería al ambiente. En este caso puede dar rienda suelta a su imaginación al elegir estampados y colores —cuadros grandes, flores, fruta, animales—, siempre que respete la armonía del conjunto.

Como es natural, nunca pierda de vista la amplitud de la mantelería respecto a la mesa: no deberá ser ni demasiado grande ni demasiado pequeña. La única mantelería para la que se puede prever una caída hasta el suelo es la utilizada con ocasión de bufés o comidas de pie. Es más, en este caso, al no haber sillas en torno a la mesa, pueden resaltarse los posibles encajes y bordados.

Una solución para diario, o también para rápidas reuniones de trabajo o con amigos, es el mantel a la americana, práctico y fácil de mantener. En el mercado pueden hallarse de todas clases. De todos modos, elija una medida en la que quepa con comodidad no sólo el plato sino también cubiertos y vasos. Además de los mantelitos colocados en el lugar de cada comensal, puede ser una buena idea poner también uno en el centro de la mesa: podrá hacer de apoyo para un auténtico centro de mesa o bien para botellas, salsas, sal, pimienta, etc.

Por último, si prepara una invitación para los amigos de su hijo, prepare unos cómodos manteles de plástico o papel (en el mercado los encontrará de colores muy vivos y adecuados para la ocasión): es mejor dejar que los niños se diviertan sin demasiadas preocupaciones por las inevitables manchas.

Servilletas

Tanto si la servilleta es de lino de calidad, bordada a mano con los monogramas de la familia, de algodón estampado o sencillamente de papel, recuerde que en ningún caso deberá faltar en su mesa.

Hasta hace algún tiempo, la servilleta formaba parte integrante de la mantelería, o sea, cada mantel tenía servilletas que lo acompañaban, iguales en cuanto a tela y estampado. Así, si una servilleta quedaba manchada de forma irremediable, era un desastre. En cambio, hoy en día se tiende a hacer de la servilleta un accesorio en sí. Y para la elección no hay normas categóricas, salvo las del buen gusto: en una comida formal la servilleta será sobria y discreta; la comida de Navidad permitirá servilletas alegres, a ser posible decoradas con algún símbolo típico de la fiesta; para una comida primaveral puede asociar la servilleta con un ramito de mimosa y dar así un toque vivaz a la mesa; una servilleta lisa que reproduzca el color predominante del mantel y la vajilla creará siempre un agradable conjunto.

En general, la servilleta se coloca a la izquierda del plato, doblada de forma sencilla. Sin embargo, en algunos casos se prefiere ponerla, doblada en forma de triángulo o de abanico, encima del plato. Las formas de doblar la servilleta son diversas: corresponde a su discernimiento valorar la más adecuada para la circunstancia. Cuanto más formal sea la ocasión, menos espacio dejará a su fantasía. Así pues, para una comida elegante servilletas blancas o lisas dobladas de forma sencilla y compacta; en cambio, para una mesa de tono más alegre e informal las posibilidades son múltiples.

Un buen vaso de vino

Dios sólo había hecho el agua, ¡pero el hombre ha hecho el vino!
(Víctor Hugo)

¿Existe una etiqueta del vino? Podría decirse más bien que hay un universo del vino hecho de aromas, sabores, gustos y pasiones, del mismo modo que existe una historia del vino, una cultura del vino y una filosofía del vino.

El «néctar de los dioses» es amado u odiado, buscado con anhelo o rechazado con disgusto. Rojo como la sangre, el vino es rico en significados simbólicos que lo vinculan a la naturaleza más profunda del ser humano. La Biblia cita a Noé, que después del Diluvio Universal planta una viña, mientras que en el Evangelio Jesús hace del vino el protagonista de su primer milagro en Caná y de la Última Cena, transformándolo incluso en su sangre.

¿Qué banquete podría imaginarse sin un buen vaso de vino? Y en presencia de este noble líquido, como es natural, no se pueden ignorar algunas normas fundamentales para «saberlo tratar» con todo el respeto que le corresponde. Los expertos en sarmientos y añadas adquieren, a ojos del profano, un aura de sabiduría misteriosa mientras degustan un sorbo de vino y enumeran sus cualidades y defectos. Por lo demás, la cultura del vino requiere pasión y experiencia; con el amor por el vino se nace. Por ello, es inútil tratar de fingirse perfecto enólogo: si no es un entendido, convendrá que se atenga a la praxis ya consolidada para elegir qué vinos servir, cómo y cuándo.

Copas

Si a su mesa se sienta un entendido, no cometa errores y sirva cada tipo de vino en la copa que le corresponde (véase pág. 64).

- Vino blanco de aguja: copa en forma de tulipán o copa ensanchada.
- Vino blanco normal: copa en forma de tulipán esbelto.
- Vino rosado: copa en forma de tulipán o copa ensanchada.
- Vino tinto joven: copa en forma de tulipán grande.
- Vino tinto: copa en forma de tulipán grande.
- Vino tinto envejecido: gran copa ancha.
- Cava seco: flauta.
- Cava dulce: copa llana.
- Vino de postre: copa pequeña.

A PROPÓSITO DEL CHAMPÁN

El champán es uno de los más célebres vinos espumosos franceses, conocido y apreciado en todo el mundo por su sabor inimitable. Toma su nombre de la región de Champagne, donde es producido, y fuera de esta zona ningún otro vino puede llevar esta denominación.

El champán se obtiene a partir de la mezcla de cuatro quintos de mosto de uva negra sin piel y un quinto de uva blanca. Lo inventó un abad de Hautervillers, un pueblecito situado en las proximidades de Epernay, y en 1836 lo perfeccionó un químico de Reims, que estableció las proporciones idóneas de azúcar para obtener el mejor vino posible.

Es evidente que el noble champán se debe acompañar de alimentos refinados, como el caviar, el hígado de oca y los dulces de categoría. Debe servirse fresco, aunque no helado, en torno a los 7 u 8 °C. Para llevarlo a la temperatura ideal basta sumergirlo durante media hora en un cubo con agua y hielo. En cambio, es desaconsejable el uso del frigorífico, que puede perjudicar su sabor y sus características.

En España se elabora, con cualidades similares, el cava, que obtiene resultados extraordinarios.

Servir el vino

Hoy en día el mundo editorial ofrece una amplia variedad de textos de agradable lectura, sin contar el número creciente de programas de televisión y radio en los que tratan este tema de forma detallada. Compre algunos y descubrirá enseguida todos los secretos del vino.

Cuanto más se aprecia el vino, más se aprecian las delicadezas al servirlo. Veamos algunos recursos que le permitirán salir bien parado, incluso en presencia de discípulos de Baco.

• *Los vinos blancos y rosados deben servirse a una temperatura de 4 °C; por tanto, tenga las botellas en el frigorífico con una buena antelación. Estos vinos, sobre todo si son de aguja, se destapan en el último momento.*

• *Los vinos tintos se sirven a temperatura ambiente. Cuando son de especial valor y envejecidos durante muchos años, los entendidos no quitan ni siquiera el polvo de las botellas para no arriesgarse a sacudirlas demasiado. En cualquier caso, todas las botellas de tinto deben manejarse con cuidado, ya que tienden a dejar un poso que no debe mezclarse con el líquido. Además, el vino tinto adquiere aroma y sabor si es «oxigenado» destapando la botella una o dos horas antes del consumo.*

• *Al verter el vino en la copa de su invitado, recuerde no llenarla nunca más allá de tres cuartos y servirlo siempre por la derecha. Al verterlo gire un poco la botella al levantarla de la copa para evitar que caigan gotas en el mantel.*

• *La botella no debe cogerse «por el cuello», sino que se empuña aproximadamente a media altura, al nivel de la etiqueta, pero de forma que esta resulte visible para los comensales.*

• *Si es un hombre, recuerde que le corresponde la obligación de servir a las señoras que están a su lado, acabando por su compañera.*

• *Antes de servirlo, el vino debe ser probado por el dueño de la casa o por quien ha hecho la invitación, en caso de almuerzo o cena en el restaurante. Sólo si el invitado de honor es un experto se le pedirá el favor de catarlo, cosa que apreciará y que halagará su amor propio.*

CUANDO SABE A CORCHO

Es posible que, al destapar una botella, el contenido sepa a corcho, porque este último era defectuoso o también por una incorrecta posición de la botella durante la conservación. En este caso la botella debe sustituirse o, al menos, dejarse oxigenar hasta obtener un buen vinagre.

UNA BUENA SUGERENCIA

«Que el vino sea templado, toma poco de una vez y no lo bebas entre las comidas ni con el estómago vacío» (Leonardo da Vinci)

- *La elección del vino debe ser hecha siempre por el hombre, salvo que la señora sea una conocida experta.*
- *La botella debe ser destapada por el dueño de la casa, a menos que sea el personal de servicio quien lo haga.*
- *Al dueño de la casa le complacerá mucho la valoración positiva de los vinos escogidos por él; por lo tanto, es evidente que la botella que usted haya podido llevar no deberá abrirse en esa ocasión.*
- *Aunque cambie de tipo de vino, deje las botellas sobre la mesa hasta el final de la comida.*

Maridaje Incluso utilizando el simple sentido común es posible, en líneas generales, captar la conexión entre vino y comida.

Por ejemplo, muchas asociaciones son geográficas.

Si la duda le asalta en el restaurante, no se preocupe y pida consejo al camarero o, mejor aún, al sumiller, y confíe en su experiencia.

En la página siguiente presentamos algunas posibles combinaciones.

EVITAR

El vino no siempre es un buen compañero de la comida; es más, en algunos casos es mejor evitarlo. Por ejemplo, nunca ofrezca vino con preparaciones gastronómicas aromatizadas con vinagre.

También debe evitarse la asociación de vino y chocolate en todas sus formas, así como con los postres a base de cítricos como budines, mousses y natillas aromatizadas con naranja o limón.

Maridaje

Comida	Vino recomendado
Entremeses de carnes y verduras	Rosados secos o abocados
Entremeses de pescado y marisco	Blancos ligeros y secos
Asados de carnes blancas	Tintos suaves de medio cuerpo
Asados de carnes rojas	Tintos austeros de buen cuerpo
Caza mayor	Tintos perfumados de pleno cuerpo
Postre	Vinos espumosos, dulces y amables; vinos blancos frescos, dulces y abocados
Helado	Ningún vino
Cocido y guisado	Tintos generosos y jóvenes
Sopas	Blancos secos, abocados o amables
Ostras y marisco	Blancos muy secos
Pastas y arroces a base de caza	Tintos robustos
Pastas y arroces a base de carne	Tintos secos y ligeros
Pastas y arroces a base de pescado	Blancos secos
Pescado	Blancos secos de medio cuerpo
Aves	Tintos ligeros, perfumados y secos
Caza menor	Tintos de gran cuerpo, de fuerte sabor y aroma
Huevos	Blancos secos

Vivan las fiestas

Los pueblos y los hombres son mejores cuanto más alegres,
y merecen el cielo si saben disfrutarlo.
(Jean Paul)

El periodo que va de Nochebuena a Nochevieja rompe la estación invernal, es un pequeño oasis de alegría en una larga serie de días en su mayoría grises y lluviosos. Hoy en día, parte de las tradiciones vinculadas a estas fiestas se han perdido y otras costumbres han ocupado su lugar: la semana blanca, pasada en las pistas de esquí, o las vacaciones para disfrutar en las playas de algún país exótico. La sociedad cambia y con ella la forma de vivir de quienes forman parte de ella.

En el pasado existía una connotación más marcadamente religiosa que hoy, aunque no se puede negar que estos siete días han mantenido un encanto especial. No cabe duda de que siempre gusta encontrarse con un conocido que saluda con un cálido «¡felices fiestas!» o recibir un pequeño obsequio inesperado o una tarjeta de felicitación de alguien que tal vez no daba señales de vida desde hacía años.

Si no forma parte de quienes salen de vacaciones en Navidad, no considere este periodo un castigo divino; aproveche para ver a ese amigo con el que se lamenta de no tener nunca tiempo para charlar un poco, o del que sabe que tiene un problema particular. Nada mejor que el ambiente navideño para pasar unas horas juntos.

Haga una lista de las personas a las que quiere enviar una felicitación escrita y, si a su vez recibe tarjetas de Navidad no olvide responder incluso con una llamada telefónica.

Consumismo aparte, sobre el que corren ya ríos de tinta, prepare con tiempo sus regalos sin esperar a los últimos días, durante los cuales, además del inevitable caos fuera y dentro de las tiendas, se arriesga a gastar más de lo debido. Durante el año, si le surge alguna ocasión o encuentra ese objeto particular que quiere regalar, aprovéchelo: se evitará el siempre presente pánico navideño.

Organícese también para las comidas y cenas. Si le invitan, infórmese sobre lo que tenga que llevar y sobre el tono de la velada, comprobando que todo esté en orden en su guardarropa. Si es usted quien invita, prepare de antemano una lista con lo que necesitará, comenzando por adornos, mantelería y vajilla. Empiece comprando lo que no es perecedero, como por ejemplo las bebidas, y deje para los últimos días sólo lo que no es posible conservar.

No convierta la Navidad y la Nochevieja en una ocasión de estrés; ya hay muchas durante el año. Busque la calidad en lugar de la cantidad, y recuerde que forzar las cosas no ayuda a crear un buen ambiente a su alrededor. Así pues, no haga nada… ¡a la fuerza!

Nochevieja

La fiesta de Nochevieja no vincula tradicionalmente a la familia tanto como la de Navidad, por lo que puede concederse una alegre velada con los amigos. Si organiza la fiesta en su casa, puede pedir la colaboración de los participantes. Las soluciones son múltiples y podrá escoger en función de diversas consideraciones relacionadas con el espacio de que dispone, la capacidad culinaria del cocinero y, un detalle importante, la cifra que quiere gastar. Y como la fiesta de Nochevieja puede durar hasta la madrugada, pregunte antes a los vecinos, si considera que son particularmente susceptibles, si la cosa les crea problemas.

Si no dispone de espacio suficiente para la clásica cena sentados a la mesa, no se desmoralice y organícese con una mesa o dos que apoyará en la pared: encima colocará las fuentes, las copas, los cubiertos y los platos, y luego cada uno se servirá solo e irá a acomodarse donde quiera. En cualquier caso utilice manteles, servilletas y decoraciones de colores vivos y adecuados para la circunstancia: bastará un poco de fantasía para crear el ambiente apropiado. Que no le falte un carrito para traer de la cocina lo que necesite y viceversa.

En cuanto al menú, cada región tiene sus tradiciones, aunque hoy en día ya no son de obligado cumplimiento, por lo que también en este aspecto puede recurrir a su fantasía y sentido práctico. Puede escoger entre una cena fría, semifría o al horno. ¡Usted elige! Por último, no olvide el postre: también en este caso cada región propone su especialidad, que hallará en el mercado en diversas variantes.

Dedique especial atención a los vinos, que no deberán faltar: tenga a mano blancos frescos y tintos, con más o menos cuerpo según los platos. Para el brindis de medianoche ponga a refrescar el cava. Hoy en día las marcas de cava español ofrecen productos excelentes.

Si es usted el invitado en casa de amigos, trate de hacerse útil y no se presente con las manos vacías. Infórmese de antemano sobre cómo puede colaborar al éxito de la velada teniendo en cuenta que, en cualquier caso, serán ellos quienes más trabajen.

Por el contrario, en caso de que esté en la montaña esquiando o haya reservado en su restaurante preferido, ningún problema... ¡Diviértase y basta!

Así pues, ¿diversión a toda costa? No exactamente. En efecto, es esta una actitud mental que conlleva de forma sistemática una desilusión. «Saberse divertir» no implica pasarse, ni tampoco comportamientos desmedidos y excesivos que caen con facilidad en lo opuesto. Trate de no depositar demasiadas expectativas en una velada que, sin duda, no es la panacea de todos los problemas, sino sólo un paréntesis agradable para compartir con los amigos.

Navidad

A diferencia de la Nochevieja, la Navidad y la Nochebuena son, por tradición, fiestas familiares. Concédase estas bellas fiestas para disfrutar, sin más pretensiones, del calor y el afecto de sus seres queridos.

Y QUE SEA UNA FELIZ NAVIDAD

La Navidad se percibe en general como la fiesta de las «cosas buenas», por lo que vale la pena aprovechar el ambiente de este día para intentar reconciliaciones o aclarar algún malentendido. A veces, para romper el hielo basta una simple felicitación de Navidad.

Los buenos modales, entendidos en su significado más amplio, no son una serie de normas que se aplican en la vida para demostrar a los demás lo educado que se es, sino sobre todo un conjunto armonioso que nos implica en todos los sentidos. El llamado arte de «saber vivir» se cultiva día a día también con un gesto amable, una sonrisa y un pequeño esfuerzo de comprensión hacia los demás.

Y aquí alguien podría objetar que la invasión de suegros, cuñados y tíos varios no es precisamente el no va más del disfrute. Sin embargo, recuerde que todo depende de la perspectiva con la que juzgue las situaciones, por lo que pasar una agradable jornada dependerá sólo de usted.

Para empezar, ponga a prueba su creatividad: hojee algunas revistas para conocer las nuevas ideas en circulación, pero sobre todo trate de inventar un ambiente navideño propio. Rojo y dorado son los colores habituales, aunque puede dar rienda suelta a su fantasía con alguna audaz combinación, eligiendo colores vivos y alegres, aunque siempre procurando que las combinaciones sean agradables.

Si le gusta o tiene niños, cuide la decoración de un hermoso árbol navideño o un rico belén. Será recompensado del tiempo dedicado a esta ocupación por la gratificación que le darán las exclamaciones de maravilla de quien venga a visitarle.

De todas formas, las principales atenciones deberán reservarse a la mesa, protagonista de este día. A ser posible, el menú deberá reflejar sus tradiciones, porque esta, entre todas las fiestas, es la que posee raíces más profundas. De todos modos, no conviene crear problemas entre los diversos miembros de la familia: si el plato tradicional no es del gusto de alguien, más vale optar por otra cosa y saborear la comida en armonía, regándolo todo con un vino especial que habrá reservado para la ocasión.

De visita

La única forma de tener un amigo es ser un amigo.
(Ralph W. Emerson)

Érase una vez los salones... Algunos escritores nos han dejado imágenes muy atractivas del mundo de los salones de la «buena sociedad». Un ejemplo entre muchos: en *El mundo de Guermantes*, Marcel Proust (1871-1922) describe de forma admirable el sutil ceremonial que rige una visita. En sus elegantes salones las señoras recibían a políticos, artistas e intelectuales, y bajo la bandera de la no oficialidad se tejían intrigas, se obtenían favores y, por qué no, nacían relaciones amorosas, todo ello aderezado con rebuscadas vajillas de porcelana sobre pesadas bandejas de plata hábilmente abrillantadas por la servidumbre.

Como es natural, los «salones exclusivos» no han desaparecido, pero hoy en día, incluso en esos templos de lo mundano, la informalidad es ya un huésped habitual.

Las ocasiones para una visita son innumerables: el simple placer de tomar un café juntos, la oportunidad de conocer a un nuevo vecino, la visita a un enfermo, pedir un favor, conocer a la familia de un compañero de clase de nuestro hijo, etc. Aunque su vida transcurra marcada por el «no tengo tiempo», trate de hacer algún hueco para recibir o bien para acudir a casa de un conocido o un amigo: el encuentro con los demás es siempre una posibilidad de enriquecimiento personal.

Enfermo

La visita a un enfermo puede tener diversas motivaciones: el enfermo es un pariente o un amigo, su jefe o un colega, o bien un conocido que a su vez se había mostrado atento con ocasión de una enfermedad anterior de usted. Este delicado tipo de visita puede producirse en situaciones distintas, en función de que acuda al hospital o a casa y, sobre todo, de la gravedad de la enfermedad. Todas estas circunstancias determinan un particular estado de ánimo y, por consiguiente, una participación que le implicará a diferentes niveles. Ir a ver a un enfermo, más que un gesto de buena educación, es un gesto de altruismo, de solidaridad humana ante el dolor ajeno. No exige un comportamiento codificado, sino simplemente el dictado por su sensibilidad, que le guiará mejor que cualquier norma.

Tanto si acude al hospital como a casa, preocúpese de preguntar los mejores horarios para no molestar y, sobre todo, si el enfermo está en condiciones de recibir visitas. Y si quiere llevar un obsequio, valore la situación: una caja de bombones puede estar muy bien para alguien que se ha roto una pierna, pero no conviene llevársela a un enfermo de úlcera. Un libro con el que pasar el tiempo siempre puede estar bien, mejor aún si conoce las preferencias del enfermo. En cualquier caso escoja algo divertido y no demasiado complicado. Llevarle a una amiga flores que alegren la habitación, manteniendo viva su proximidad, sin duda le gustará, pero procure evitar las de perfume demasiado intenso, que podrían molestar.

Ante la enfermedad cada uno tiene una reacción distinta, por lo que puede hallarse en la situación de tener que escuchar a alguien que le cuente con detalle todos sus males o bien que no quiera mencionar en absoluto su situación. Tanto en un caso como en el otro adapte la conversación en consecuencia, y recuerde que en esa situación la persona que está ante usted tiene derecho a toda la comprensión de la que sea capaz.

Café o té en compañía

Como decíamos, hoy en día no se usan tantas formalidades como antes, aunque la forma de recibir o de presentarse otorga al encuentro un aspecto más o menos cordial y agradable.

Si la visita se ha anunciado de antemano, además de té o café, que preparará en el momento, tenga también para ofrecer refrescos y pastas, que escogerá según el horario establecido. Prepare con tiempo la bandeja o

A PROPÓSITO DEL CAFÉ

Una leyenda narra que fue utilizado por primera vez en el siglo IX por un devoto de Alá para mantenerse despierto en la oración nocturna. El término café, introducido en Occidente a finales del siglo XVI, proviene del árabe quhwa, con el significado de «bebida excitante».

Un origen prosaico para una bebida que ha inspirado a poetas y políticos como Talleyrand: «El café debe ser caliente como el infierno, negro como el deseo, puro como un ángel, dulce como el amor». Por su parte, el dramaturgo Carlo Goldoni escribió: «Aquí está el café, señoras, café en Arabia nacido y por las caravanas de Ispahan traído, el árabe sin duda siempre es el mejor café».

De preparación musulmana, el café chocó con la aversión de la cultura católica, hasta el punto de que el clero pidió formalmente al papa Clemente VIII que prohibiese su consumo. Leyenda o realidad, parece ser que el papa, al oír que el café era un invento del diablo, quiso probarlo. «Es tan exquisito que sería un pecado dejarlo beber exclusivamente a los infieles», fue su consideración. Y bautizó el café, convirtiéndolo en una bebida en gracia de Dios.

A PROPÓSITO DEL TÉ

Las primeras noticias sobre esta planta provienen de China, donde el té ya era utilizado como medicina muchos siglos antes de Jesucristo. Hace más de cuatro mil años el emperador chino Tsing-Nung anotaba esta reflexión: «El té despierta el pensamiento, refresca el cuerpo y calma los nervios. Cuando estás deprimido, el té devuelve fuerza y coraje».

Parece ser que China es el país de origen de la planta del té, aunque en el mundo de las fábulas indias hay numerosas referencias al «té divino». Y hasta los últimos años del siglo pasado era precisamente China la que exportaba las mayores cantidades de té, mientras que hoy en día su lugar ha sido tomado por la India, donde, gracias al óptimo clima, crece el mejor té del mundo.

Los holandeses lo vendían como medicina en toda Europa a precios altísimos, inaccesibles para la mayoría, mientras que en Francia, uno de los primeros consumidores convencidos de té fue el rey Luis XIV; en cambio, muchas damas de su corte lo despreciaban atribuyéndole un sabor de «heno y estiércol».

un carrito en los que dispondrá todo lo necesario. Recuerde que el servicio de té o café no tiene por qué ser importante: lo esencial es que no tenga roturas ni esté desparejado. El azucarero puede ser de material distinto del resto del servicio, por ejemplo de plata o alpaca, o incluso acero inoxidable, siempre que no desentone con todo el conjunto. Las servilletas no deben faltar y pueden ser incluso de papel. No olvide preparar leche y limón, cortado en rodajas finas, que añadirá a las bebidas si es necesario.

Si sirve galletas o pastas, podrá acomodarse en los sillones. En este caso, con una mano sostendrá el asa de la taza y con la otra el platito, apoyando ambos cuando se sirva una pasta. Recuerde que las cucharillas nunca deben dejarse en la taza sino en el platito, y que nunca deben meterse en la boca: se usan de forma exclusiva para remover el azúcar. Si está previsto un pastel, será más cómodo para su invitado contar con una superficie de apoyo. En este caso, ponga la mesa de comedor. Delante de cada invitado prepare el platito de postre con un tenedor a la derecha y una servilleta a la izquierda; justo encima del tenedor deje la taza con el platito.

El café debe servirse de la cafetera, mientras que para el té verterá el agua hirviendo en la tetera y añadirá una cucharadita de té por cada taza prevista, más una para la tetera.

¿Y si suena el timbre de improviso y llega un invitado que no esperaba? No muestre contrariedad. Eso sí, evalúe según la circunstancia cuánto tiempo puede dedicarle y, en caso de que no pueda ofrecerle un café rápido, explíqueselo con amabilidad. Como siempre, lo más importante que puede ofrecer a un huésped es su cordialidad y disponibilidad a escucharle.

Qué llevar

¿Qué llevar si va de visita? No es un gran problema y depende de las circunstancias y de quién le haya invitado. No es necesario llegar con un regalo importante; es más, pondría en una situación incómoda a los dueños de la casa. Si va a casa de un amigo se supone que conoce sus gustos. Así, si es un goloso compre sus pastas preferidas; si es un amante del vino, opte por una buena botella; si es un devorador de libros, búsquele alguna novedad editorial, o bien el último CD de su grupo preferido si es un amante de la música.

Si son conocidos, llévele a la dueña de la casa una bonita caja de bombones o pastas, a ser posible adornada con un ramito de flores frescas o secas. No lleve voluminosos ramos de flores, para los que nunca se encuentra el jarrón adecuado. Más vale optar por una planta verde o con flores. En cambio, para el dueño de la casa puede escoger una buena botella de marca de vino o licor. Y si en la casa hay niños, gáneselos llevando dulces adecuados para ellos. Hoy en día se venden de todo tipo, envasados de las formas más divertidas con la imagen de sus héroes preferidos.

El placer de la conversación

El espíritu de la conversación consiste menos en mostrarse ingenioso
que en ayudar a los demás a mostrarse como tales.
Quien queda contento de sí mismo y de su ingenio lo está también de usted.
(Jean La Bruyère)

La conversación es un arte y necesita creatividad, fantasía, técnica y equilibrio. Algunas personas son conversadores natos y saben despertar, sin aparente esfuerzo, la simpatía y el interés de quien les escucha. Otras parecen conservar sus pensamientos en un lugar recóndito del que las palabras se resisten a salir. En la mayoría de los casos, los primeros desconfían de los segundos por considerarlos orgullosos o antipáticos, y estos, a su vez, juzgan a los demás demasiado charlatanes.

Si pertenece a la primera categoría de conversadores deberá tener cuidado para no excederse, ya que su carácter expansivo podría llevarlo a exagerar. Si por el contrario pertenece al grupo de los taciturnos, podría preguntarse de dónde viene su dificultad para comunicarse. En cualquier caso, no se preocupe. El juego de equilibrios entre los individuos prevé un lugar y una función para todos. ¿Qué sugieren los buenos modales a propósito de la conversación? Algunas normas que se matizan con el estilo personal, la gracia, el sentido común, el respeto por los demás, la tolerancia, la capacidad de escuchar y la regla principal de «saber sonreír» a uno mismo y a los demás.

Temas y ocasiones

¿Cómo se comienza una conversación? ¿De qué se habla luego? Como es natural, depende de las situaciones y de los interlocutores.

Una conversación se puede entablar incluso mientras se hace cola, por ejemplo delante de la ventanilla de correos o en la sala de espera del médico. A veces, intercambiar unos comentarios con alguien simpático puede enderezar un día que ha empezado con mal pie, del mismo modo que encontrarse con una persona desagradable puede estropearlo del todo.

Un viaje en tren es otra ocasión fácil de conversación, que puede iniciarse con el ofrecimiento de un caramelo, con un comentario sobre el servicio de ferrocarril o con una información sobre el horario de llegada. En definitiva, las oportunidades son innumerables. También en este caso todo dependerá de la afabilidad suya y de su interlocutor. Enseguida se dará cuenta de si existe por parte de ambos el deseo de continuar el diálogo; en caso contrario será poco agradable y embarazoso insistir. También es posible que se establezca una relación de simpatía. En este caso, cambiar impresiones puede convertirse en un agradable pasatiempo y puede que otros pasajeros pasen a participar en la conversación.

CINCO REGLAS PARA EL BUEN CONVERSADOR

- Lea los periódicos para estar siempre al día de la actualidad.
- Exprese opiniones y no dogmas.
- Hable de sus pasiones pero sin aburrir.
- Dé preferencia a temas de interés general, como viajes, deportes y aficiones.
- Deje espacio a los demás; los sabelotodo nunca resultan apreciados.

A veces es posible que se sienta menos inclinado a expresar sus ideas con extraños que en el ámbito de sus conocidos. En cualquier caso, siempre es mejor no entrar demasiado en lo personal, ni con las respuestas ni con preguntas que puedan poner al otro en una situación incómoda. Evalúe con atención a la persona con la que dialoga: aunque le inspire simpatía, no la conoce, así que antes de manifestar opiniones o juicios piénselo bien.

Aunque las oportunidades para una conversación ocasional pueden surgir de vez en cuando, mucho más frecuentes son las del ámbito cotidiano. Cada día se conversa con los colegas, con los amigos o con simples

conocidos. Si el colega no es también un amigo, los temas serán superfi-
ciales, a menos que se refieran al ámbito laboral y sean de interés común.
No se deje arrastrar a participar en comentarios sobre el jefe, en cotilleos
sobre otros colegas o en observaciones poco amables sobre otros compañe-
ros, ya que en otro momento podrían volverse contra usted.

SABER ESCUCHAR

Tanto si va de visita como si recibe en su casa, recuerde que lo más agradable que podemos hacer es… escuchar. En este mundo en el que todo pasa a nuestro lado rápidamente parece no quedar sitio para escuchar, y sin embargo son muchas las cosas
que podríamos aprender si escuchásemos de verdad.

La propia confesión, prescindiendo de cualquier consideración estrictamente religiosa, respondía en el fondo a la necesidad de contar cosas de uno mismo y recibir
confirmación o censura. Para bien o para mal el ser humano quiere darse a conocer, tratar de descubrir quién es, y al no hallar respuestas en su interior interroga a los demás.

Como en un juego de espejos, el uno refleja al otro. Al escuchar una confidencia descubrirá su capacidad para comprender, si no con la mente, sin duda con el corazón. Al
dar un consejo se verá obligado a interrogarse, y de esta forma se escuchará también a
usted mismo.

Hallar un tema de conversación con los amigos no debería ser difícil,
pues en general la amistad se basa en una afinidad de ideas e intereses
que da fluidez a la comunicación. Más difícil resulta dialogar cuando le
presentan a personas nuevas. Sin embargo, no debe cundir el pánico: pre-
sentarse con una abierta y cordial sonrisa ya es un buen principio, y a
continuación debe evaluar si conviene o no entablar un diálogo o esperar
a que sean los demás quienes hablen en primer lugar. Mientras tanto,
muéstrese interesado por lo que sucede a su alrededor y participe en la
conversación si se presenta la ocasión de hacerlo. De todos modos, re-
cuerde que no es un artista sobre el escenario, así que controle los gestos,
y también el énfasis y el tono de voz.

Si conoce la ocupación de la persona con la que conversa, muéstrese in-
teresado por su actividad y haga algunas preguntas que la lleven a hablar
de sí misma, cosa que casi siempre da buen resultado. Sin embargo, si se
trata de un gestor, no lo agobie pidiéndole consejos sobre su declaración
de renta… Y si deduce por su acento que se trata de un extranjero, pídale
información sobre su país de origen: seguramente se sentirá complacido.

Tenga siempre en cuenta que antes de hablar siempre es necesario saber escuchar. Averiguará así cuáles son los temas que despiertan el interés de una persona y podrá utilizar el que más le convenga para profundizar en su conocimiento. Una vez roto el hielo, no le será difícil encontrar los temas siguientes: lecturas, aficiones, estudios, experiencias vitales, recuerdos de viajes, etc. Muéstrese siempre dispuesto a escuchar y participe en la conversación cuando esté seguro de lo que dice o, si tiene sentido del humor, cuando tenga el chiste «adecuado». El sentido del humor es la sal de una conversación, pero debe resultar bien calibrado, usado a propósito y nunca de forma ofensiva, así que utilícelo con prudencia.

Discusión

¿Diplomacia o franqueza? No es fácil responder a esta pregunta, pues depende en gran medida de la personalidad de cada cual. La diplomacia es el arte de poner a todo el mundo de acuerdo, pero a menudo puede ocultar hipocresía o falsedad. La franqueza es un deber hacia nosotros mismos, pero se transforma con facilidad en abuso o descortesía.

Evalúe en cada caso tanto la situación como el interlocutor. Si es necesario, sepa mostrarse diplomático, e intervenga con tacto si se da cuenta de que una discusión se hace demasiado encendida y puede transformarse en pelea. Es muy fácil que una conversación lleve no sólo al intercambio de ideas, sino también a la divergencia. ¿Quién tiene razón? Todos y nadie... Depende. La discusión es un enfrentamiento en el que no deben proclamarse por fuerza vencedores y vencidos, ni dejarse «heridos» en el campo.

Si se halla en compañía de varias personas y surge una discusión, sostenga su opinión con moderación, sin pretender ser el poseedor de la verdad. Nada de muecas de compasión dirigidas a quien expresa una opinión distinta de la suya, ni categóricas interrupciones de una frase ajena con la frase «¡ni hablar!» o «¡de eso nada!».

Como es natural, también deberá calibrar su intervención en relación con el tema en cuestión: una cosa es discutir sobre fútbol, otra sobre trabajo, otra sobre política, otra sobre ética o moral. En ningún caso eche leña al fuego con provocaciones que no llevan a ninguna parte. Desde luego, pretender cerrar a toda costa la boca de los demás no dará una buena imagen

de usted. Las motivaciones por las que una persona se enciende de forma desmesurada durante una discusión son innumerables y pueden no estar siquiera relacionadas con lo que se habla. Muchas veces son motivaciones inconscientes, de las que ni siquiera el interesado se da cuenta. En definitiva, detrás de «querer tener razón a toda costa» se esconden diversos componentes, así que, dado que las discusiones no tienen lugar habitualmente entre expertos en psicología, aténgase al sentido común.

Si observa que sólo se está polemizando, no insista: proseguir no llevaría a nada constructivo y, al contrario, podría transformar la discusión en un círculo vicioso. No interrumpa con mala educación ni de forma orgullosa; busque un pretexto para desviar la atención. Si posee una buena dialéctica no le será difícil introducir nuevas ideas que puedan desbloquear la situación. Y si de verdad le importa, al menos puede reservarse la posibilidad de reiterar su postura con calma en otra ocasión.

Durante una discusión defienda a capa y espada una teoría sólo si está muy seguro de poderla sostener con buenos argumentos o pruebas. Así evitará una embarazosa marcha atrás frente a alguien más enterado que usted. Conocer a alguien que tiene algo que enseñarnos no es una humillación sino una suerte. Si habla de coles con un hortelano, ¡es posible que tenga razón él!

En todo caso, recuerde que cualquier tema puede convertirse en un campo minado si ante las objeciones usted se atrinchera. Así pues, no adopte una actitud cerrada, escuche también a quien no piensa como usted: podría encontrar puntos de encuentro que nunca hubiese esperado. Las ideas preconcebidas, abundantes en todas las mentes, son las peores enemigas de una discusión interesante y constructiva. No existen temas de los que no se pueda hablar, sólo personas incapaces de sostener sus opiniones de forma adecuada y, sobre todo, de ponerlas en duda sin sentirse humilladas por ello.

Meteduras de pata

La metedura de pata posee la maligna prerrogativa de producir el más absoluto silencio en el momento mismo en que se pronuncia. ¿Qué hacer? Si su emotividad se lo permite, evite ruborizarse y trate de cambiar de tema si es posible. No se lance a acrobáticas perífrasis para justificar lo que ha dicho, ya que podría agra-

var la situación aún más. El verdadero problema consiste precisamente en empeñarse en demostrar a toda costa que no hay motivo para tomar su afirmación por una metedura de pata.

Si de forma involuntaria ha ofendido la sensibilidad de alguien, se disculpará en otro momento con él, o bien, si no tiene suficiente confianza, pedirá a un amigo común que medie y explique tanto su buena fe como su pesar.

Una metedura de pata común es el chiste poco afortunado sobre las segundas esposas hecho delante de un amigo o conocido que acaba de volver a casarse y, cosa aún más grave, delante de su nueva consorte. Para no caer en circunstancias tan poco agradables, trate de evitar los tópicos y, si de verdad quiere contar un chiste, haga primero una recapitulación mental de la situación familiar de los presentes.

Si por el contrario es usted víctima de una metedura de pata, finja no haberse dado cuenta de la indelicadeza y desvíe la conversación hacia... zonas más tranquilas. Más tarde evaluará si conviene volver al tema con la persona que ha cometido la falta.

Aunque puede herir profundamente, por definición la metedura de pata es involuntaria, así que no es fruto de una maldad intencionada contra alguien. Trátela con la ligereza que le corresponde.

Lenguaje

Hoy en día, saber expresarse resulta de vital importancia. Se han multiplicado las ocasiones para intercambiar opiniones a todos los niveles. Antes resultaba impensable que una persona sin formación académica pudiera aparecer en televisión dirigiéndose a un numeroso público. Y sin embargo ahora ocurre, y con bastante frecuencia.

En esta pequeña revolución histórica se ven implicadas no sólo las profesiones para las que es obligado un lenguaje pertinente; también estudiantes, empresarios, comerciantes, obreros y ciudadanos en general son entrevistados en multitud de ocasiones y se convierten en comunicadores de forma involuntaria.

Siguen siendo válidas las palabras de monseñor Della Casa, que en su Manual de buenos modales escribió: «Las palabras, en el hablar distendido como en los demás razonamientos, deben ser claras, de forma que todos los de la compañía las puedan entender con facilidad, y además de eso, bellas en cuanto al sonido y en cuanto al significado».

EL LENGUAJE DE LA CORTESÍA

Además de conversar deberíamos acordarnos siempre de pedir con amabilidad, de dar las gracias y de responder a un agradecimiento. «Por favor», «gracias» y «de nada» son sencillas e importantes palabras que, como especies en vías de extinción, deben salvarse a toda costa.

Hacer una petición precedida de un «por favor» no sólo resulta educado, sino que crea un vínculo amistoso entre la persona que pide y la que da. Responder con un «gracias» a un gesto amable resalta tanto el gesto como la persona que lo efectúa. «De nada», en respuesta, subraya el placer de haber hecho algo que ha sido apreciado. Por ello, no tome estas pequeñas formas de cortesía por pura formalidad y no olvide usarlas.

Aunque la lengua castellana es rica en decenas de miles de sustantivos, adverbios, verbos y adjetivos, sólo usamos un número irrisorio a lo largo de toda una vida, lo que es una verdadera pena. Sin embargo, como siempre, lo importante es no ser pedante y no emplear palabras cuyo significado se desconoce ni enunciar citas en otras lenguas sin conocer su correcta pronunciación y exacto significado, como sucede a menudo con expresiones y citas latinas. Quien no ha contado con una suficiente preparación escolar sobre la lengua de Cicerón que se abstenga de citarlo. ¡No es una obligación!

A propósito de lenguas, hoy en día son muchos los términos extranjeros que han entrado en el uso común de nuestra lengua; sin embargo, cuando converse en un salón evite exhibir su cultura usando palabras que tienen su equivalente correspondiente en español.

Otro error en el que no se debe caer es el de utilizar un refrán para cada tema o situación. La sabiduría popular, de por sí muy válida, se vuelve insoportable cuando se encadena toda una serie de «a caballo regalado...», «más vale pájaro en mano...». Pase por uno, pero no lo convierta en su argumento preferido. Y si es muy competente en su profesión, recuerde que es probable que no todos sus interlocutores lo sean tanto, así que evite expresiones técnicas o en una jerga tan incomprensible para ellos como pueda ser el chino.

También es de muy mal gusto utilizar frases hechas, exageraciones y lemas, con los que sobre todo la televisión, y no sólo a través de la publicidad, nos inunda sin cesar.

No hace falta, aunque parece que últimamente sí, aconsejar que se eviten las palabrotas: todo el mundo lo sabe, pero todo el mundo las dice. Que términos nada «finos» formen hoy en día parte del habla común, así como periodística y televisiva, no quiere decir que sea aceptable un lenguaje grosero. Si le parece que no encuentra una forma igual de expresiva para indicar lo que quiere decir, y se encuentra en un ambiente en el que puede permitírselo, no empiece con la frase «perdonad que lo diga...», dígalo y ya está, sin demasiados preámbulos y sin darle demasiada importancia. Y en caso de que se encuentre en compañía de alguien que ejerce a lo grande el arte de hablar mal, evite las actitudes desdeñosas: es mejor ignorarlo. Naturalidad y desenvoltura son las características de la buena educación. Lo que es desagradable e inadecuado se ignora.

La importancia de un saludo

Hay que educarse y esmerarse en saludar con alegría cada día, y sobre todo, a las extraordinarias sorpresas de este día, de su irresistible curso. Porque cada día puede hacer de nosotros unos portadores de alegría.
(Robert Baden-Powell)

El saludo constituye el primer contacto concreto con el prójimo. Es su personal tarjeta de visita, la primera impresión que quedará vinculada a la imagen que el otro se hará de usted.

El saludo representa lo que uno es: cordial, reservado, desconfiado, huraño, tímido, descarado, etc., cada cual con su forma de saludar. Sea cual sea la nota fundamental de su personalidad, recuerde que en el momento en que saluda se está relacionando con otra persona sirviéndose de señales bien definidas.

Es comprensible que su saludo se adapte también a las circunstancias y a la persona que tiene delante. Al saludar a un desconocido que le presentan se comportará de forma distinta que al encontrarse con un viejo amigo o con el vecino.

De la misma forma, resulta muy probable que su actitud sea muy diferente si se encuentra con una persona que le ha causado un perjuicio o si se encuentra con alguien que le ha favorecido.

En cualquier caso, teniendo en cuenta que la vida es tan mudable como extraña y que los comportamientos suelen adaptarse a ella, también por lo que se refiere al saludo hay algunas reglas generales que distinguen la buena educación de la grosería.

No por ello el saludo debe ser estereotipado, una especie de máscara forzada que se imprime en el rostro cada vez que nos encontramos con alguien; al contrario, debe ser lo más espontáneo posible. Una sonrisa cordial sería lo mejor, pero no siempre nos hallamos en el estado de ánimo adecuado. Nadie pretende que se comporte como un monje budista, pero al menos, aunque tenga un mal día, al encontrarse con un conocido no le salude con un gruñido.

El saludo es una puerta que se abre: nunca se puede estar seguro de lo que se encontrará al otro lado.

Besamanos

Propio de un tiempo en que la galantería era obligada, el besamanos era símbolo de respeto hacia las señoras, pero también una sutil arma de seducción que requería un ritual preciso. Hoy en día este gesto ya no se incluye en la costumbre de los saludos, aunque puede desempolvarse en determinadas situaciones, como por ejemplo algunas ocasiones mundanas particularmente formales.

De todas formas, también en este caso el besamanos está reservado a quienes conocen sus pequeños pero importantes matices. Ante todo, nada de ostentación sino naturalidad, por lo que está prohibido efectuar reverencias descompuestas y producir el efecto «ventosa» en el dorso de la mano, que sólo debería rozarse. El perfecto besamanos prevé que el hombre se incline hasta rozar con los labios la mano de la señora sin levantarle el brazo.

Y preste atención a la actitud de la dama a la que quiere reservar su homenaje: puede ser que prefiera simplemente estrecharle la mano, así que evite ser demasiado rápido en su galante exhibición.

Con ocasión de una recepción importante no se besa la mano a algunas señoras excluyendo a otras: la regla sería o todas o ninguna. Como es natural, si las señoras en cuestión fuesen demasiadas, no conviene que pase la velada con esta ocupación; limite el besamanos a la dueña de la casa reservando a las demás «damas» una inclinación.

¡Y recuerde que el besamanos nunca está previsto en los bares, en los transportes públicos, en la calle ni con ocasión de un encuentro en el supermercado!

Cómo saludar

Saludar significa dedicar en ese momento su atención a la persona que tiene delante. Al encontrarse con un amigo, si tiene prisa, como ocurre con frecuencia, puede dirigirle un simple gesto con la mano y una sonrisa; en cambio, en los encuentros de trabajo, el rito de saludarse, darse la mano y preguntar «¿cómo está?» no admite excepciones. Y con los saludos, más vale abundar. Así, si saluda por error a una persona a la que no conoce por confundirla con otra, nada más fácil que disculparse con una sonrisa.

Al entrar en un local público, como por ejemplo una sala de espera, dirigir un gesto de saludo a todos los presentes es siempre un gesto cortés.

También es costumbre dar los buenos días a quien se encuentra durante un paseo por la montaña.

En cambio, cuando se encuentre por la calle con un conocido en compañía de una tercera persona, si no se la presentan diríjale un gesto de saludo con la cabeza al despedirse.

EN 1897 EL CICLISTA SALUDABA ASÍ

«Al cruzarse con una señora, el ciclista separará la mano del manillar para llevársela a la gorra. Si la señora es una amiga de casa y se para mostrando deseo de hablar, el ciclista se parará rápidamente, saltará de su vehículo con agilidad y se inclinará ante ella sujetando la bicicleta y quitándose la gorra con la derecha.» (Anna Vertua Gentile, Come devo comportarmi?)

Presentaciones

El saludo incluye las presentaciones, telaraña esencial para ampliar el círculo de conocidos y crear puentes hacia futuras amistades. Hoy en día se tiende a cierta informalidad también en lo que respecta a las presentaciones, y se prefiere una simpática espontaneidad a una rígida formalidad. No obstante, algunas precauciones resultan útiles para quedar bien en cualquier circunstancia. La persona de menor respeto siempre debe presentarse a la que goza de una mayor importancia. Así:

- *el hombre a la mujer;*
- *la persona con la que se tiene mayor familiaridad a la que se conoce menos;*
- *la persona de menor prestigio a la de grado superior;*
- *la joven a la señora;*
- *el joven a la joven;*
- *la persona soltera a la pareja.*

Darse la mano

El hábito de darse la mano, nacido como señal de no beligerancia —«te ofrezco la mano, vacía de armas»—, comunica, como todo

Entre formalidad e informalidad

• Si le invitan, tras saludar a la dueña de la casa espere a que ella le presente a las personas que no conoce.

• Cuando le presenten a alguien evite responder con fórmulas como «encantado», ya que son anticuadas y vacías. Responda con una sonrisa y, si resulta adecuado, un apretón de manos.

• Cuando presente a su cónyuge, hágalo de la forma más sencilla: «mi mujer» o «mi marido». Evite frases como: «mi señora», «el doctor Jiménez, mi marido» o, peor aún, «mi media naranja».

• Con ocasión de un funeral, o durante una visita de pésame, debe evitar las presentaciones.

• Si lleva guantes, durante la presentación quítese el de la mano derecha. En caso de condiciones atmosféricas muy malas o si tiene la otra mano ocupada, puede renunciar a esta formalidad.

• El hombre que lleva sombrero se lo quita ya al comienzo de la presentación.

• La persona presentada no tiende la mano la primera, sino que espera la «aceptación» por parte de la otra.

• El hombre, si está sentado, se levanta durante la presentación. No así la mujer, a menos que le presenten a una persona mayor.

• En una recepción de pie, durante la que es fácil tener las manos ocupadas con copas y canapés, por motivos obvios no es imprescindible dar la mano; basta un gesto con la cabeza.

• Si la persona que le está presentando no recuerda su nombre resuelva esta incómoda situación interviniendo con una frase bromista y preséntese directamente.

contacto físico, la disponibilidad y el entusiasmo que el encuentro con otra persona provoca. Si darse la mano de forma enérgica y calurosa transmite una sensación de satisfacción, dejarla floja en la del interlocutor dará, por el contrario, una sensación de indiferencia. Del mismo modo, ofrecer sólo la punta de los dedos provocará desconfianza instintiva. Debe darse la mano de forma vigorosa y rápida, es decir, hay que evitar ofrecer la mano de forma blanda y también olvidarla en la del otro.

Y al dar la mano dirija la mirada a la de la persona a la que está saludando, a ser posible acompañando el gesto con una sonrisa de simpatía.

Comunicarse para sentirse cerca

No hay pensamiento que esté libre de su comunicación, y basta formularlo en mal lugar y en un sentido equívoco para minar su verdad.
(Theodor W. Adorno)

Cualquier forma viviente tiene su forma de comunicarse, incluso en los casos en que el ser humano no logra percibirla con sus sentidos limitados. La comunicación constituye la base de todo progreso y de toda relación, de mundo en mundo, de especie en especie. El ser humano tiene a su disposición una amplia variedad de posibilidades para interactuar a través de la comunicación, y ello sobre todo gracias a la palabra transformada en lenguaje.

Desde las pinturas rupestres hasta los actuales mensajes de correo electrónico, el hombre ha sentido siempre la necesidad de concretar de una forma u otra sus pensamientos para poder transmitirlos a otras personas. Además, al hombre de la era moderna se le ha dado la extraordinaria posibilidad de eliminar las distancias, y por consiguiente también el tiempo, por lo que acontecimientos muy lejanos pueden verse y vivirse al mismo tiempo que ocurren, con una participación emotiva hasta ahora impensable.

Hoy en día se vive el extraño fenómeno de que, si por un lado la comunicación se ve reducida a un rápido mensaje que se lee en el teléfono móvil, por el otro se está redescubriendo el gusto de escribir, el placer de poner sobre el papel ideas y reflexiones. La producción literaria es abundante y la comunicación cada vez más amplia y variada: de los mensajes de interés general a las llamadas a la movilización sobre los problemas sociales, pasando por los textos de contenido científico, que se propagan de ordenador en ordenador a través de la red telemática.

Nos comunicamos por escrito, nos comunicamos de forma verbal con teléfonos fijos y móviles, nos comunicamos con imágenes a través de la televisión. En definitiva, esta es una sociedad de seres en perpetua comunicación entre sí.

Así, es posible que, en medio de tanto río de palabras e imágenes, alguien comience a preguntarse si no se corre el riesgo de perderse entre tal cantidad de información. Como es natural, en esta «selva» será imprescindible saberse orientar, evaluando las propias necesidades e intereses reales y poniendo también unos límites allá donde la comunicación puede invadir todos los rincones de la vida.

Tarjeta de visita

La tarjeta de visita tiene orígenes inciertos. Hay quien los sitúa en el siglo XVI, cuando los estudiantes alemanes de la Universidad de Padua solían dejar unas cartulinas, con grabados y símbolos heráldicos, a profesores y amigos antes de volver a su país. En cambio, para el dramaturgo italiano Carlo Goldoni el origen de esta tarjeta se debe a la genialidad de los franceses, según escribe en su obra Il cavaliere Giocondo: «A vivir he aprendido. Me he convertido en otro después de viajar. Al partir de Bolonia y regresar a ella, en visitas ocupaba antes todo el día. Ahora, con las tarjetas cumplo todo compromiso. ¡Ah!, los franceses tienen un gran ingenio!».

La tarjeta de visita recibe este nombre porque en su origen servía para ser enviada por medio de un criado a la persona a la que se pretendía visitar, una finalidad que en la actualidad cumple a la perfección el teléfono o que incluso se ignora.

Sin embargo, esta cartulina nunca ha dejado de ser útil, tanto si se quieren proporcionar los datos personales para proseguir una relación de amistad o de trabajo como si se debe acompañar un regalo o se quiere participar, aunque sea sólo con una nota, en un acontecimiento que afecta a la vida de amigos o conocidos.

Comunicaciones breves

Felicitaciones La tarjeta de felicitación se usa para acompañar un regalo con ocasión de una celebración. Por ello, deberá transmitir su satisfacción con palabras alegres, a ser posible aderezándolo todo con una pizca de sentido del humor.

Querido X:
He leído en el periódico tu nombramiento y no te oculto que de ti me lo esperaba. ¡Eres genial!
Estoy seguro de que tus... heroicas gestas no se han acabado aquí y, como amigo tuyo, estoy orgulloso de ellas.
Te abrazo con entusiasmo sincero y te renuevo mi enhorabuena.

Queridísima X:
El regalo que te enviamos no basta para demostrarte lo felices que estamos por tu logro.

Sólo esperamos que este objeto, al perdurar en el tiempo, te recuerde siempre la alegría de la conquista que con tanta tenacidad has merecido plenamente. Continúa confiando en tu capacidad, que te llevará a alcanzar otras importantes metas.

De todos modos, recuerda que la vida puede reservarte también alguna pequeña derrota que no deberá abrumarte.

Con infinito cariño y sinceras felicitaciones.

Distinguido Sr. X:
Me han informado de su nuevo cargo.

Me permito expresarle mi más sincera y entusiasta enhorabuena por este ascenso, fruto de muchos años de incansable trabajo y gran competencia. Con aprecio renovado y sincera alegría le deseo muchas satisfacciones más.

Cordialmente.

Querida X:
Tu reciente éxito ha premiado a una persona con todos los requisitos para triunfar en la vida. Estoy seguro de que nunca defraudarás a quien ha creído en ti porque eres una mujer de gran coraje e iniciativa.

Como siempre, estoy a tu lado para continuar el camino que iniciamos juntos hace tantos años.

Con sincero afecto, muchas felicidades.

Querido X:
Si esperabas sorprendernos no lo has conseguido. Nunca hemos dudado de que el éxito llegaría pronto, y así ha sido.

¡Felicidades, querido amigo! Has recogido lo que con tanta tenacidad y competencia habías sembrado en estos años.

Nos alegramos mucho por ti y, en espera de verte, te enviamos un cariñoso abrazo.

Invitaciones Para una velada entre amigos o una fiesta temática, hoy en día todo el mundo puede crear una simpática tarjeta de invitación: bastan un ordenador y una impresora. Los datos imprescindibles serán: fecha, hora y lugar, con la correspondiente dirección del encuentro, ocasión de la invitación y, si procede, indumentaria exigida.

Como es natural, para una ocasión importante u oficial también la tarjeta será adecuada, es decir, impresa con sobriedad en una cartulina cortada a mano y de color marfil. Los caracteres de impresión deberán ser

> Andrés Pérez y Carolina Blázquez
> tienen el placer de invitarle
>
> ....
>
> a un almuerzo en su casa
> el 28 de junio de 2005
>
> Madrid - Calle Ramón y Cajal, 25
> Tel. 91 000 00 00   SRC

clásicos y elegantes, como las tradicionales cursivas inglesas, y la tarjeta indicará con claridad los elementos que permitan identificar el tipo de invitación. En casos oficiales no olvide añadir la sigla SRC («se ruega contestación»), a fin de conocer con seguridad el número de personas que acudirán a la invitación.

Duelo

Si el duelo ha afectado a alguien con quien tiene una relación amistosa o de trato habitual no puede enviar un simple telegrama, sino que será necesario participar en su dolor con una nota que exprese su sincera proximidad. Las condolencias no deben ser muy elaboradas sino sentidas y sinceras.

Querido X:

No sé expresarte todo mi pesar por la grave pérdida que has sufrido.

Sé que la enfermedad de la querida Y ha sido larga y penosa, pero que nunca le ha faltado tu asistencia. Puedo imaginar en qué angustiosa situación te has encontrado frente a lo inevitable de lo que estaba sucediendo y frente a la sensación de impotencia cuyo peso has tenido que sobrellevar.

Entiendo el poco valor que pueden tener las palabras que expresan resignación, pero son las únicas que puedo ofrecerte.

Estoy seguro de que tu querida Y nunca habría querido que te abandonases a la desesperación, ella, que siempre estaba tan llena de coraje y entusiasmo. En los instantes más oscuros piensa en ello y en todos los maravillosos momentos que la vida te ha regalado junto a ella. Querido amigo, la vida es un viento que pasa, a veces acariciador como una brisa; otras, impetuoso como un huracán. No te dejes confundir; mantén la paz de tu corazón, donde encontrarás también a quien te ha dejado.

Con mucho cariño.

Querida X:

En espera de abrazarte te envío estas pocas líneas, aunque soy plenamente consciente de que ante el dolor cualquier palabra parece vacía y vana.

Sólo puedo decirte que yo también he experimentado el sufrimiento de un dolor semejante, y aunque es cierto que cada uno de nosotros sufre de forma única, te ofrezco toda mi solidaridad y mi afecto.

Un sincero abrazo.

Queridos X e Y:
No sé cómo expresaros cuánto me ha apenado la desaparición de Z. Aunque no nos veíamos mucho, su personalidad, fuerte y original, dejaba una señal en mí durante muchos días, incluso tras una simple llamada telefónica.

Imagino lo vacía que os parece ahora la vida y el sentimiento de soledad que habréis de afrontar, pero juntos lograréis transformar este inmenso dolor en un recuerdo que os dará la fuerza necesaria para continuar vuestro camino con serenidad.

Un fuerte abrazo.

Querida señora X:
Hemos tenido noticias de la terrible pérdida que ha sufrido. Con estas pocas palabras quisiéramos expresarle todo nuestro afecto, toda nuestra solidaridad por esta grave pérdida.

Si necesita algo no dude en hacérnoslo saber. En espera de abrazarla le ofrecemos nuestro cariño y comprensión.

Con sincero aprecio.

Queridos X e Y:
He sabido de la desaparición del querido Z, un hecho terrible al que sólo resta resignarse. En nuestro corazón, nuestros recuerdos y nuestro afecto permanece viva la imagen de una persona especial y única por sus grandes cualidades.

Os abrazo en el dolor, con sincero y profundo afecto.

Querida X:
Has hecho todo lo que estaba en tu mano, pero por desgracia nada podemos frente al destino. Has sabido mantener encendida nuestra esperanza hasta el final y te lo agradecemos muchísimo.

El recuerdo de quien nos ha dejado nos mantendrá unidos en el tiempo, y nada podrá destruir tantos momentos hermosos que hemos pasado juntos.

Tú sabes lo cerca que estamos de ti y lo grande que es nuestra participación en tu dolor.

Un abrazo sincero.

Agradecimiento *Un objeto o incluso un simple ramo de flores enviados como agradecimiento por un favor recibido, una invitación, una colaboración provechosa o una ayuda en un momento difícil no deben carecer de una nota de acompañamiento. Las motivaciones son múltiples, así como las frases que podrá encontrar para cada circunstancia.*

Querido Sr. X:

Le damos las gracias de todo corazón por todo lo que ha querido hacer por nosotros; no habríamos podido esperar más de un amigo como usted ha demostrado ser.

Permítanos expresarle todo nuestro agradecimiento a través de este pequeño regalo, que pretende ser un signo tangible de nuestro reconocimiento.

Reiterando nuestra gratitud por su valiosa colaboración, le saludamos afectuosamente.

Querida Sra. X:

Por fin han concluido nuestras fatigas, pero nunca lo habríamos conseguido sin su valiosa ayuda. No existen palabras suficientes para expresarle nuestros sentimientos; sólo podemos decirle que para nosotros usted ha sido providencial.

Gracias por lo que ha hecho y por la discreción y sencillez con la que siempre nos ha apoyado.

¡Usted es una persona inolvidable, como hay pocas! Le rogamos acepte estas palabras de agradecimiento, que no son nada pero que nos parece indispensable ofrecerle.

Con aprecio y cariño.

Queridos X e Y:

Deseamos daros las gracias por la agradable velada pasada con vosotros y todos los amigos que, como siempre, seleccionasteis de forma perfecta.

La fiesta fue maravillosa, no sólo por el ambiente que supisteis crear, sino también por las exquisiteces con las que quisisteis mimarnos.

¡Como siempre, estuvisteis fantásticos!

Felicidades y gracias de nuevo.

Querida X:

Ya sé que temes las tentaciones, pero esta vez quiero ser yo quien te tiente enviándote estos dulces. Son poca cosa en comparación con la espléndida cena que nos ofreciste, pero acéptalos en señal de agradecimiento por tu exquisita hospitalidad.

Estuviste perfecta, como perfecta fue la velada. Gracias de nuevo. ¡Nos divertimos mucho!

En espera de vernos te envío un cariñoso saludo.

Apreciada Sra. X:

Le ruego acepte este pequeño obsequio floral que pretende demostrar el reconocimiento por el gran favor que me ha hecho. Le estoy sinceramente agradecida por su gesto, que me ha ayudado a resolver lo que para mí representaba un grave problema.

No olvidaré su comprensión y disponibilidad, y si me lo permite, me honrará contarla entre mis amigos más queridos.

Con aprecio y afecto.

Fax

El fax es un cómodo medio de comunicación, sobre todo en el ámbito laboral, ya que permite enviar cualquier tipo de documento que el destinatario recibe en tiempo real.

De todos modos, con respecto a la correspondencia normal presenta algunas limitaciones. Por ejemplo, no puede llevar la firma auténtica y, al no viajar protegido por un sobre como una carta, el contenido resulta visible para cualquier persona que se encuentre junto al aparato de recepción. Así pues, evite hacer comentarios inapropiados sobre hechos y personas, así como atrevidas declaraciones de amor.

Es importante ofrecer siempre elementos precisos de identificación a quien lo recibe, con un claro encabezamiento donde consten el remitente y el destinatario. Además, para evitar lamentables inconvenientes, compruebe siempre que el documento ha llegado de forma íntegra.

Carta

A pesar de las innovaciones tecnológicas, el más antiguo medio de comunicación escrita conserva su validez. Hay circunstancias en las que una carta resulta insustituible, ya se trate de un asunto laboral o de relaciones personales.

Entre otras cosas, escribir una carta puede ser una ocasión para entrar en su mundo interior, un mundo que muchas veces se deja en la sombra por prisa y pereza. De vez en cuando, siéntese a escribir una carta a un amigo o un conocido: respecto a la comunicación verbal tendrá la ventaja de permitirle evaluar con calma lo que quiere exponerle. Explicaciones, reflexiones y sentimientos podrán hallar un espacio que de otro modo no se les concedería, siempre que encuentre aún tiempo y ganas para comunicarse a un nivel más profundo pero también más difícil.

Hace años escribir una carta con un ordenador a un amigo o, peor aún, a la persona amada, se habría considerado abominable; hoy en día está más que permitido, teniendo en cuenta la velocidad con la que se pueden hacer correcciones o desplazar párrafos enteros sin tener que reescribir todo el texto. De todos modos, hay que decir que una carta escrita a mano mantiene un innegable encanto. Aunque la carta se escriba con ordenador, siempre deberá firmarse a mano.

El encabezamiento, o sea, «querido...», «distinguido...», «aprecia-

do...», etc., debe ir seguido de dos puntos y aparte. En caso de que se trate de una comunicación oficial o de trabajo, se pone la dirección, y todos los datos personales necesarios, en la parte superior izquierda. Un poco más abajo, pero en el lado opuesto, se indica el nombre de la empresa, la entidad o la persona a la que se escribe. Debajo, a la derecha, deben indicarse el lugar y la fecha. Unas líneas más abajo se especifica la persona a cuya atención deberá someterse la carta. A continuación se pasa a especificar el asunto del texto y, por último, el texto propiamente dicho. Al final, alineadas al margen izquierdo, se escriben las frases habituales, como «saludos cordiales», «en espera de su respuesta», «cordialmente», etc.

QUERIDA, VIEJA PLUMA...

La pluma tiene su origen en la pluma de oca que en el siglo VI d. de C. sustituyó al cálamo, es decir, la varita de junco utilizada hasta entonces para escribir. La pluma de oca, escogida entre las plumas remeras del ala derecha, era desengrasada con ceniza o arena caliente. A continuación la parte superior era cortada de diversas formas con la finalidad de mejorar el equilibrio de la misma durante la escritura. También la parte inferior experimentaba tratamientos de pulido de las barbas para favorecer la empuñadura. Por último se procedía al corte del raquis, según la grafía deseada.

La primera pluma con punta metálica elástica es de 1780, mientras que el plumín de acero, con patente del inglés Perry, es de 1830.

La liberación de la molesta esclavitud del tintero llega con la pluma estilográfica patentada por Fölsh en 1809, una innovación no demasiado revolucionaria, ya que sólo con el modelo Waterman (1884) la pluma estilográfica experimenta una rápida difusión.

Otra etapa importante en la historia de los instrumentos para escribir se sitúa en 1943, con el bolígrafo inventado por el húngaro Biró. La máquina de escribir nace en 1855, y sólo cien años más tarde, en 1960, comienza la era de las máquinas eléctricas.

Antiguamente, un descuido o una laguna eran añadidos al final de la carta con las letras P. S., es decir, post scriptum. Con la difusión del ordenador, dada la facilidad con la que se aportan las correcciones, esta apostilla ya no es necesaria, a menos que se quiera resaltar esa frase «aparentemente» olvidada. En todo caso, no incluya nunca al final de una carta comentarios de este tipo: «P. S.: He olvidado decirte que vi a tu marido en un restaurante con una mujer muy guapa, supongo que es su secretaria».

LA CARTA Y OCCIDENTE

«Según la narración tradicional, en el año 105 d. de C. un alto funcionario de la corte imperial de China, llamado T'sai Lun, que controlaba las manufacturas, aprovechó su experiencia para realizar un sistema de maceración para el cáñamo, la corteza de los árboles y los trapos, obteniendo una pasta que luego era cuidadosamente afinada por medio de prensas hasta convertirse en el valioso instrumento que aún utilizamos.

Un reciente descubrimiento arqueológico adelanta aún más los hechos narrados por la tradición: en una tumba de Pach'iao, en el norte de China, se ha encontrado un fragmento de papel que data del siglo II a. de C.

El análisis del fragmento muestra fibras vegetales y desperdicios de seda, ¡los mismos componentes del papel moderno! A Occidente el papel llega con gran retraso. Son los árabes quienes lo traen en el transcurso de sus conquistas. En 1109 la condesa Adelaida escribe en Sicilia la primera carta sobre papel que se conoce en Europa. Desde la invención, han pasado al menos mil trescientos años.» (Sabatino Moscati, Vita di ieri e di oggi)

E-mail El e-mail o correo electrónico es una cómoda alternativa a la carta tradicional. Hoy en día la difusión del ordenador personal es cada vez más amplia y este medio facilita cada vez más el intercambio de comunicaciones en tiempo real, tanto por trabajo como personales, sustituyendo incluso a la llamada telefónica. Las típicas comunicaciones «por e-mail» son sintéticas, por lo que contienen los conceptos esenciales de lo que se desea decir. Sin embargo, nada impide añadir un «anexo», que puede ser un texto mucho más largo, como una carta, el resumen de una conferencia o incluso el contenido de un libro. Y con la posibilidad de conectarse a una página web y bajarse un texto, una imagen o incluso una filmación, también para enviar como anexos. En Internet puede hallar, por ejemplo, unas bandas animadas muy graciosas para enviar en tono de broma a un amigo apasionado por uno u otro tema.

Como es natural, tenga en cuenta que, aunque la telefonía ha dado pasos de gigante con las nuevas líneas de banda ancha, no todo el mundo puede disfrutar aún de ellas, por lo que un anexo demasiado «pesado» que requiera cierto tiempo para descargarse en el ordenador de destino podría ser apreciado… aunque con algunas reservas. Llegar a casa y abrir el programa de correo electrónico, ansioso de leer los mensajes recibidos, es sin duda una agradable ocupación, siempre que no se deba pagar un tercio del sueldo a una compañía telefónica.

W
Red telemática

¿Existen unas normas de buenos modales para Internet? Legítima pregunta, dada la creciente utilización a todos los niveles del mundo virtual, al que se accede con un ordenador y un módem.

No hace falta explicar qué es: para quien ya lo sabe resultaría superfluo; para quien aún no disfruta de ella no bastarían unas líneas de explicación. Existen numerosas publicaciones sobre este tema.

De todos modos, se puede obtener información precisamente de Internet (por ejemplo, en español, en la página http://www.protocolo.org, en la sección «Netetiqueta»); en http://www.arcano.it aparece un resumen sobre la importancia de la corrección personal al navegar por la red: «La red está constituida por un conjunto de recursos informativos compartidos a diario por millones de personas a las que se permite el acceso a un número no cuantificable de datos que son el fruto del trabajo y el esfuerzo de los usuarios conectados. Por lo tanto, conviene respetar el trabajo de los demás del mismo modo que se exige el respeto por el propio. No se debería considerar excluido de estas consideraciones ni siquiera a quien no ha puesto documentos propios en la web, ya que un comportamiento perjudicial por parte de otros «navegantes» puede comprometer el correcto uso de servicios como, por ejemplo, el correo electrónico. (…) Dado que Internet no es gestionada por una entidad supervisora, cada usuario debe conocer sus responsabilidades acerca de las reglas que hay que seguir para un comportamiento correcto. Aunque quien vigila a los usuarios abonados a un determinado servidor es el propio servidor, es un deber de cada usuario, y no del servidor, comprender las implicaciones derivadas de compartir con otros un "territorio" común, aunque sea virtual».

El término para indicar el conjunto de las reglas por las que se rige Internet es netetiqueta, es decir, «etiqueta en la red».

Ética del «navegante»

- *El ordenador no debe utilizarse para perjudicar a otras personas.*
  - *No se interfiere en el trabajo de otros.*
  - *No se curiosea en los archivos ajenos.*
  - *No se utilizan ideas y recursos de otros sin su autorización.*
  - *No se utiliza Internet para divulgar noticias falsas.*
  - *Cada programa debe comprarse y pagarse, no copiarse.*
  - *Siempre hay que evaluar las consecuencias de los programas que se*

descargan o de las páginas que se abren.
- *Toda información puede transformarse en un arma peligrosa.*
- *No emprenda «guerras de opinión» en la red a base de mensajes y contramensajes. Las diatribas personales deben resolverse entre los interesados de forma privada a través del correo electrónico.*
- *No publique mensajes estúpidos y, antes de enviar nuevas preguntas, lea siempre las FAQ (Frequently Asked Questions, «preguntas hechas con frecuencia») acerca del tema tratado.*
- *No debe enviarse mediante el correo electrónico ni publicidad ni comunicaciones no autorizadas.*
- *Escriba con letras minúsculas (sólo se usan las mayúsculas cuando se pretende gritar).*
- *Firme siempre sus mensajes.*

En la red puede encontrar de todo y más, pero, al no existir una legislación bien definida para este sector y tratarse de un campo tan vasto que resulta difícil de controlar... ¡ojo a no meterse en peligrosas aventuras! En cualquier caso, el mundo de Internet, aunque sea virtual, no se halla en otro planeta, sino que está hecho y gestionado por las personas, por lo que se vale de reglas basadas sobre todo en el sentido común y la corrección personal.

Contestador automático

Cuando comenzó a utilizarse este cómodo servicio, la mayoría, al marcar un número de teléfono y oír la respuesta de una voz pregrabada, experimentaba auténticos ataques de pánico. Al oír que descolgaban al otro lado de la línea y convencidos de hablar con la persona buscada, quedaban bloqueados como por un repentino vacío mental. Después colgaban molestos o murmuraban vagas palabras, casi siempre sin sentido: «Hola, ¿me oyes?... Bueno, quería decirte que... Ya volveré a llamar... ¿Has entendido?... ¡Uf!».

En cambio, hoy en día, terminado el rodaje y superada toda incomodidad por la novedad, las conversaciones con el contestador automático son una costumbre a la que ya no se presta atención; es más, a veces permiten dejar rápidos mensajes sin tener que dar ninguna explicación. De todos modos, recuerde que siempre es mejor asegurarse de que el mensaje haya sido escuchado efectivamente por el destinatario real —podría haberse equivocado de número o podría haberse producido un fallo técnico— ¡a fin de no arriesgarse a invitar a comer a Barbazul en lugar de al Príncipe Azul!

No cuelgue nunca sin dejar al menos su nombre: es muy desagradable escuchar los mensajes grabados y oír ese anónimo clic velado de misterio... ¿Quién habrá llamado? Bastan pocas palabras para indicar el objeto de la llamada.

Cuando programe su mensaje en el contestador automático ofrezca una clara identificación, así que además del nombre sería mejor comunicar también el número de teléfono a fin de confirmar a quien le ha llamado que ha marcado el número correcto. Y evite mensajes demasiado largos o exageradamente bromistas, así como músicas interminables: a quien le telefonea tal vez no le guste un mensaje demasiado largo o complejo para oír sencillamente que usted no está.

Teléfono •

Paraíso e infierno de la vida moderna, amado u odiado según las circunstancias, el teléfono es el medio más cómodo y rápido para comunicarse. Es cierto que debería ser un medio de comunicación y no de conversación, ¡pero qué invento maravilloso el que nos permite charlar cómodamente sentados en el sillón de casa y además en pijama y zapatillas!

Sin embargo, hay algunas reglas que convendría respetar para hacer de esta conversación un agradable, amable y educado intercambio de información y de palabras. Para empezar, cuando descuelguen al otro lado de la línea preséntese con un «buenos días, soy...», siempre que no llame a alguien tan acostumbrado a su voz que no necesite más que un «hola» para reconocerle. Y cuando llame a alguien no empiece nunca con un «¿con quién hablo?», porque de forma automática le responderán: «¿Con quién quiere hablar?».

Si quien responde forma parte de la familia pero no es la persona con la que quiere hablar directamente, no se limite a decir: «Buenos días, soy... ¿Me pasa a...?». En estos casos siempre resulta oportuno intercambiar algunas frases amables con quien está al aparato, antes de pedir que nos pongan con la persona deseada. Es una cortesía que cuesta poco esfuerzo y que en muchos casos puede simplificar las relaciones.

El condicional y las fórmulas de cortesía —«Buenos días, ¿podría por favor ponerme con el Sr... Gracias», etc.— son imprescindibles para un buen contacto telefónico: quien le escucha quedará bien impresionado y tratará de facilitarle la comunicación con la persona que desee.

Entre formalidad e informalidad

Recuerde que al usar el teléfono interfiere en la vida de los demás, así que una de las reglas básicas que respetar es la de los horarios y el... tiempo.

• Si sabe que las personas con las que quiere comunicarse cenan a las 8, no espere a las 8 menos 5 para hacer su llamada, ya que es probable que estén mucho más disponibles una hora más tarde. Del mismo modo, en las casas donde viven niños es preferible atenerse a horarios en los que se sepa con seguridad que no se molesta, para no arriesgarse a despertarlos tal vez después de que los padres hayan sufrido lo suyo para lograr que se duerman...

• Una llamada telefónica debería siempre ocupar un tiempo razonable. Si es un observador atento, puede averiguar por la inflexión de la voz de su interlocutor si este tiene más o menos prisa por acabar. Podría tener la olla sobre el fuego, esperar otra llamada, llegar tarde a una cita, etc. En este caso, no fuerce la conversación: más vale adelantarse con amabilidad al interlocutor diciéndole que ha entendido que no es el momento oportuno y que hablarán en otra ocasión.

Respecto al aviso de llamada en espera, servicio que le avisa cuando alguien le telefonea mientras la línea ya está ocupada: si es inevitable, escuche a quien le llama, pero hágalo de la forma más rápida posible, sin dejar a quien ya está en línea con usted suspendido en el silencio de una inacabable espera.

Teléfono móvil El teléfono móvil es la novedad más reciente en cuestión de comunicación móvil. Antes uno sólo podía ser localizado en su casa o el trabajo a través del teléfono fijo, pero hoy en día podemos comunicarnos en todo momento con cualquiera que lleve un teléfono móvil y compartir todo tipo de vicisitudes cotidianas fuera de casa y del trabajo.

La principal virtud del teléfono móvil consiste en hacerle localizable en cualquier parte. Virtud que se transforma en defecto en caso de que no quiera ser localizado. De todos modos, para ponerle remedio basta una ligera presión en una tecla para apagar el aparato, gesto que no obstante le expondrá a quejas y recriminaciones por parte de quien haya intentado en vano ponerse en contacto con usted. Un gesto que sin embargo deberá tener el «valor» de hacer, aunque en estos tiempos —de forma paradójica— parece que se haya vuelto inoportuno no el hecho de telefonear demasiado y arriesgarse a invadir los espacios privados ¡sino el hecho de no telefonear!

Algunos profesionales se han beneficiado más que otros de esta novedad tecnológica. Por ejemplo, los médicos, los responsables de algunos servicios de utilidad pública, todos los que realizan un trabajo de entrega a domicilio y quienes necesitan ser localizados en cualquier momento. Para los demás se trata de una comodidad adicional de la que ya no sabrían prescindir.

Dicho esto, hay que especificar que, aunque no existan prohibiciones explícitas, es oportuno seguir algunas normas de buena educación.

No hay nada más molesto que comer en compañía de alguien y ser reiteradamente interrumpido por timbres y musiquillas diversas. Sin contar la incomodidad de quien recibe una llamada telefónica, tal vez de carácter estrictamente privado, y debe responder delante de alguien que se halla en la misma incomodidad sintiéndose como un intruso sin motivo. Así pues, al entrar en un restaurante y, en general, en cualquier lugar público, es mejor apagar con valentía el teléfono móvil.

Apáguelo también en el cine, el teatro, los conciertos y todas las manifestaciones públicas y culturales. Obligar a quien está disfrutando de un espectáculo o conversando con amigos a continuas distracciones e interrupciones es sin duda un gesto de manifiesta mala educación. Y un poco de respeto también para quien está en el escenario...

En el automóvil, el uso del teléfono móvil para quien conduce está categóricamente prohibido, bajo pena de una multa severa y, últimamente, también de la pérdida de preciosos puntos del permiso de conducir. Así pues, ¡hágase con un sistema de manos libres si no quiere tener que ir a pie en poco tiempo! Y tenga cuidado: en muchos centros hospitalarios un cartel le avisa para que se apaguen los teléfonos móviles, por ser causa de interferencias con los aparatos de diagnóstico.

También quien llama debería saber regularse, ya que no tiene sentido molestar a los demás de forma continua. Tampoco lo tiene gastar en enormes facturas de teléfono cuando una hora después es posible pedir la misma información de forma gratuita, sin que por ello el mundo deje de girar.

Telegrama

El telegrama es un medio rápido para hacer llegar un breve mensaje de participación y se caracteriza por un tono bastante formal.

En general, con parientes y amigos, y en cualquier caso con personas a las que se sienta vinculado emotivamente, sentirá el deseo de manifestar una proximidad más íntima y confidencial. Sin embargo, si por ejemplo el hijo de su jefe se casa, el telegrama será el mejor medio para enviar sus mejores deseos. También lo será si un duelo afecta a un conocido al que no le unen vínculos de amistad. Es distinto el caso en el que un duelo afecta a un colega con el que trabaja cada día codo con codo: enviarle un telegrama le parecerá demasiado distante y frío, así que es mucho mejor una nota con la que expresarle de forma más sentida la participación en su dolor.

Felicitaciones Las felicitaciones le permiten expresarse de forma alegre, a ser posible con una pizca de humor, siempre a condición de que esté bien calibrado y no caiga en la ironía, que podría confundirse con una forma de envidia mal disimulada. Veamos algunos ejemplos de felicitaciones... equilibradas.

¡Sabía que lo conseguirías! Muchas felicidades por tu licenciatura.

Las más sinceras felicitaciones para el nuevo abogado y enhorabuena por la espléndida tesis de licenciatura.

No teníamos dudas sobre tus capacidades, pero has superado incluso todas nuestras expectativas. ¡Enhorabuena!

El resultado premia la capacidad de esfuerzo que siempre has demostrado. ¡Estamos orgullosos de ti!

Enhorabuena por el excelente resultado, que es sólo el principio de lo que será una espléndida carrera.

Nos complace darle nuestra más sincera enhorabuena por ese nuevo cargo que premia largos años de esfuerzo. Con gran aprecio.

Enhorabuena y mis más sinceras felicitaciones por el premio que se le ha asignado. Nadie era más digno de él que usted. Con sincero aprecio.

Sinceras felicidades por tu matrícula de honor. ¡Un abrazo y mi más afectuosa enhorabuena!

Me alegro muchísimo del éxito que has conseguido; ha sido la justa recompensa de tu esfuerzo y tus fatigas. ¡Enhorabuena!

Duelo Al enviar un telegrama por un duelo será plenamente consciente de que las palabras nunca bastarán para mitigar el dolor de ese trágico momento. De todos modos, es obligado manifestar apoyo.

Las fórmulas para expresar condolencia dependen de las circunstancias. Por la muerte de un padre anciano, quizá tras una larga enfermedad, escogerá palabras distintas de las necesarias por la pérdida de un hijo. A partir de los ejemplos aquí reflejados podrá hacerse una idea de algunas fórmulas adecuadas para un telegrama de condolencia.

No tenemos palabras ante esta grave pérdida y os apoyamos con todo nuestro afecto.

En este momento de dolor os enviamos un fraternal abrazo.

En este triste día estamos a tu lado con profundo afecto.

Nuestro sincero pésame por la grave pérdida que sufre.

Participamos sinceramente en el dolor que sufrís en este triste día.

Mi más sincero pésame por el profundo duelo que sufrís.

Participamos con todos vosotros en este gran dolor.

Participo en vuestro dolor, consciente del vacío imposible de colmar que ha dejado X.

Os abrazamos, profundamente apenados por la trágica desaparición que habéis sufrido, y participamos en vuestro dolor con cariño.

En este día os apoyamos en vuestro dolor y recordamos con gran afecto al querido X.

Boda

La boda es una de las circunstancias más frecuentes para las que se suele enviar un telegrama. A continuación damos varios ejemplos de textos utilizados de forma habitual al enviar un telegrama de buenos deseos.

El matrimonio es una espléndida apuesta en la vida; os deseo que la ganéis a lo grande.

Vivan los novios, participo en vuestra alegría y os deseo un espléndido futuro juntos.

Sois una pareja envidiable que sin duda sabrá hacer frente a todas las circunstancias de la vida unida y serena como hoy.

Con el deseo de que este feliz día sea el primero de una larguísima serie.

A X e Y con el deseo de muchos años de próspera felicidad y serenidad.

Deseándoos que este día suponga el inicio de un camino largo y feliz que recorrer juntos.

Con el deseo de que el entusiasmo y la felicidad de este día os acompañen durante toda la vida.

Con el deseo de que la vida os regale, día tras día, amor y serenidad.

Con el deseo emocionado de una vida llena de serena felicidad.

Nacimiento *Como es natural, para un nacimiento en el ámbito familiar, o si los padres son amigos suyos, felicitará en persona con una visita o una llamada telefónica. O bien, si de verdad desea enviar un telegrama, este deberá ir seguido de una implicación más íntima por parte de usted.*

En caso de conocidos, un simple telegrama puede bastar. Veamos algunos ejemplos.

Felicidades a los nuevos padres y deseos de gran felicidad a la recién llegada.

¡Mis mejores deseos y felicitaciones a toda la familia por la nueva incorporación!

Sinceras felicidades por el feliz acontecimiento y un besito al angelito.

Muy felices por la espléndida noticia, participamos con gran afecto en vuestra alegría.

Nos enteramos con alegría del nacimiento del pequeño X. Nuestros mejores deseos y nuestro cariño para todos vosotros.

Participamos en vuestra alegría, abrazándoos a los tres con mucho afecto.

Me he enterado del nacimiento de vuestros dos angelitos, ¡enhorabuena! Tendréis una tarea algo más pesada pero también la alegría será doble. Os abrazo con cariño.

El nacimiento de vuestra hija nos ha dado una gran alegría. Le deseamos a ella y a vosotros todas las felicidades. Con cariño.

Televisión

Aunque se tiende a echarle la culpa de todos los males, quién sabe por qué misteriosa magia cuando la casa está habitada la televisión nunca está apagada. Incluso quien declara con pose aburrida que no la usa por ser un instrumento para domesticar a las masas tampoco renuncia a sus programas preferidos.

Desde luego, como todas las demás cosas que la tecnología ha puesto a nuestra disposición, también la televisión debe utilizarse con «sabiduría». No cabe duda de que este medio de comunicación se sirve también de mensajes más o menos subliminales, estudiados para animarnos a comprar un determinado producto o servicio, del mismo modo que cierto tipo de información controlada y divulgada por la pequeña pantalla tiende a dirigir a la opinión pública a un lado u otro.

Al margen de estas inquietantes consideraciones de tipo «gran herma-no», se supone que cada persona tiene la capacidad de afrontar el «peligro» a través de un instrumento aún más poderoso como debería ser el cerebro. Así pues, mire la televisión, que por encima de todo transmite también pro-gramas interesantes e instructivos, pero hágalo usando su discernimiento y capacidad crítica.

Volviendo a los buenos modales, hay que hacer algunas pequeñas ob-servaciones. Veamos.

• No imponga a sus invitados un programa que tal vez está esperando con ansia pero que a ellos no les interesa en absoluto. Si sabe que justo aquella noche emiten una película a la que no quiere renunciar, no invi-te a nadie, o bien grábela y véala con calma en otro momento.

• En general, siempre, pero sobre todo después de cierto horario, re-gule el volumen del televisor a fin de no molestar a todo el vecindario. No obligue a escuchar a quien tal vez está disfrutando del silencio de la no-che su programa preferido.

• La presencia invasora de la televisión debe evitarse cuando se está conversando: aunque se perciba sólo como sonido de fondo puede molestar igualmente, del mismo modo que puede ser incómodo hablar con alguien que de vez en cuando «se ausenta» lanzando miradas hacia la pantalla.

Así pues, sí a la televisión, pero tratando de no convertirla en su droga cotidiana. Recuerde que hay otras muchas formas de pasar el tiempo de manera agradable.

• La televisión no debe convertirse en una fría e incontrolable canguro. Renunciar a la comodidad de dejar a los niños a merced de programas no siempre adecuados para su edad tendrá excelentes resultados en la salud y el comportamiento de sus hijos. Además, como víctimas «salvadas» de una publicidad nada encubierta, no le pedirán demasiados regalos.

H Algunos consejos para «proteger» a los más pequeños

• Varios canales ofrecen cada día programas dedicados a los pequeños telespec-tadores. Aproveche estos momentos para tenerlos tranquilos, pero fuera de estos espacios no les permita ver otros programas salvo en compañía de usted, en cuyo caso podrá intervenir si es necesario.

Trabajar es necesario

El trabajo no me gusta —no le gusta a nadie—, pero me gusta lo que hay en el trabajo: la posibilidad de encontrarse a uno mismo.
(Joseph Conrad)

¿Cuántas horas pasa trabajando? Demasiadas, dirá alguno. Pero otros podrían intervenir quejándose justo de lo contrario porque están buscando trabajo.

En definitiva, nadie puede negar que, de un modo u otro, el trabajo representa una considerable e importante parte de la vida.

Así, no es de extrañar que exista toda una serie de normas de comportamiento que se refieren precisamente al mundo laboral y a sus implicaciones.

Como los demás aspectos de la vida, también el laboral requiere una objetiva valoración de quiénes somos y qué queremos. La autoestima es importante, pero sobrevalorar nuestra capacidad puede jugarnos malas pasadas. Puede que haya subestimado el estudio, como muchos jóvenes, pero después no sirve de nada arrepentirse; más vale tomar conciencia de lo que verdaderamente está en condiciones de hacer y aspirar a eso. A lo largo del itinerario profesional siempre existe la posibilidad de colmar posibles lagunas didácticas.

Recuerde que usted no es su trabajo sino al contrario: su trabajo refleja lo que es usted.

No lo considere sólo un medio para alcanzar un fin, sino parte integrante de lo que la vida le ofrece para expresarse y conocerse.

En cualquier caso, su forma de relacionarse con el trabajo dependerá en gran medida de la actitud mental con la que lo valore respecto a sus deseos y necesidades.

Jefe

Si el jefe es usted Para ser buen jefe no hay nada mejor que poseer buena memoria y recordar el periodo en el que, recién contratado, tenía su opinión sobre quien ocupaba entonces su actual puesto.

No es necesario convertirse en padre o hermano mayor de sus subalternos: la confianza que quiera darles dependerá de su personalidad, teniendo en cuenta, no obstante, que es necesaria cierta «distancia» para la buena marcha del trabajo. Sin embargo, de vez en cuando permítase algunas familiaridades con ellos, ya que en el plano humano no existe diferencia alguna entre ustedes. Además, sepa ofrecer en el momento oportuno amistad y comprensión, que permitirán soportar algunas cargas y recibir y dar apoyo en los momentos difíciles.

Aunque a veces sienta la tentación de hacer valer su posición para sustraerse a situaciones embarazosas, recuerde que de cómo sea capaz de asumir decisiones y responsabilidades dependerá gran parte del aprecio de sus empleados.

Amonestaciones y correcciones entran en el desarrollo normal de su función, pero nunca realizadas con desprecio o descortesía. En este caso se arriesga a provocar inútiles reacciones nada constructivas. Una serena demostración de las consecuencias de un error vale mucho más que diez estallidos de ira.

Si es usted un hombre y tiene a su disposición a una secretaria atractiva, la amabilidad nunca deberá superar ese límite más allá del cual podría poner-la en una situación incómoda. Al personal se le valora sólo por su capacidad profesional y sería muy injusto servirse de su puesto para condicionar a quien depende de usted.

Y recuerde que un buen jefe es la base de un buen equipo, y que si ha alcanzado ese puesto luego debe mostrarse a la altura de las expectativas. Quien depende de usted será su mejor colaborador si lo trata con educación y respeto.

Si el jefe es... él No se amargue la vida si su jefe es un verdadero déspota. Las razones pueden ser múltiples y, en cualquier caso, no depende de usted modificarlas.

Trate de no crear inútiles motivos de roce, aunque sin transformarse en un tremebundo ejecutor de órdenes. Si está tranquilo y seguro de lo que ha hecho, sostenga sus razones sin alterarse al intentar explicar sus motivaciones, ya que en ese momento sólo conseguiría crear más incomprensión. No es raro que una batalla perdida se transforme luego en una victoria final. Si tiene la suerte de colaborar con un jefe con el que puede mantener también relaciones de amistad, no lo convierta en una excusa para aprovecharse de la situación. Resultaría mezquino por su parte y pronto sería mal visto por los colegas.

Quien ocupa un cargo superior al suyo tiene también mayores responsabilidades: sepa tenerlo en cuenta y valorar las circunstancias con objetividad. A menudo lo que le parece una actitud de fría distancia se debe sólo a problemas y preocupaciones.

Si tiene que tratar con personas muy «difíciles», sólo tiene dos posibilidades: o puede permitirse dejar el puesto de trabajo o tendrá que saber aceptar la situación con serena conciencia. ¡Recriminaciones, protestas y quejas no sirven para nada!

Buscar trabajo

Como todas las nuevas experiencias, no es de extrañar que buscar un trabajo provoque pánico. ¿Cómo y dónde buscar? En primer lugar haga correr la voz en el ámbito de sus conocidos: nunca viene mal ser recomendado por alguien. Luego lea las páginas de los periódicos dedicadas a las ofertas de trabajo, o bien acuda a las empresas que se ocupan de esta cuestión, cooperativas o de otro tipo, y déjeles sus requisitos. Serán ellos quienes le pongan en contacto con quien busca nuevo personal.

No se desanime si tiene que esperar y no se culpe de la espera: no se debe a su incapacidad sino a varios factores que deben coincidir entre sí antes de dar un resultado positivo.

No tome en consideración sólo un hipotético trabajo ideal, ya que es posible que en espera de coronar su sueño tenga que conformarse con etapas intermedias que, una vez aceptadas, podrían resultar más ricas en posibilidades de lo que había imaginado.

Todas las experiencias pueden serle útiles en el futuro, así que no descarte a priori lo que le parece poco idóneo para su capacidad o preparación. La posición privilegiada del «jefe», salvo raros casos que se salen de lo normal, se conquista tras un proceso lleno de esfuerzo y sacrificios: no se fije en la cima de la pirámide sino en el punto en el que se encuentra.

Es evidente que, cuantos más contactos tenga, más aumentarán las posibilidades de hallar la ocupación que busca.

Preséntese a las entrevistas con una actitud positiva, muéstrese interesado por todo lo que le digan y responda a las preguntas de forma cortés, sin subestimarse ni alabarse como un charlatán en una subasta. Quien le entreviste sabrá apreciar su franqueza y evaluar la buena voluntad con la que está dispuesto a pasar a formar parte del equipo de la empresa.

Si ya ha tenido un empleo pero se halla en la necesidad de buscar otro, esfuércese por llevar con usted sólo las experiencias positivas que haya obtenido y dejar atrás los resentimientos. Cada nueva experiencia debe afrontarse con la mente lo más libre posible de los aspectos negativos que le devuelven al pasado y que pueden transformarse con facilidad en auténticas limitaciones cuando se trata de evaluar situaciones distintas por completo.

Colegas

Los compañeros de trabajo no pertenecen a una especie aparte: son personas como usted, con las mismas esperanzas y los mismos miedos. Considerarlos desde esta perspectiva le permitirá comprender mejor algunos comportamientos e incluso le será más fácil justificarlos.

En general se pasan con los colegas muchas horas del día y se acaba creando una especie de familiaridad, si es capaz de establecer una sintonía, o bien de intolerancia, si las relaciones entran en conflicto. Al tener que compartir mucho tiempo en un espacio necesariamente limitado, el sentido común enseña que suavizar los inevitables roces sólo puede dar como resultado un ambiente más sereno y agradable para todos, usted incluido. En las relaciones con los colegas no se puede prescindir de toda una serie de comportamientos correctos que no son distintos de los tomados en consideración para cualquier otra ocasión de convivencia.

Al entrar por la mañana o salir por la tarde, un saludo cordial forma parte de la buena educación, pero si observa que un colega no está demasiado «en forma», será un detalle preguntarle si va todo bien. Es posible que tenga alguna dificultad y su atención hacia él hará que se sienta menos solo con su problema, aunque, como es natural, no está obligado a hacerle confidencias.

Podría presentarse algún escollo en la relación hombre-mujer que esté buscando un reajuste. Como principio básico, en el ámbito laboral se debe considerar en el mismo plano al compañero y a la compañera de trabajo, siempre que la emotividad no interfiera con su equilibrio. Como «al corazón no se le manda», en caso de que la flecha de Cupido le alcanzara mientras está sentado a su mesa, evalúe bien las consecuencias antes de lanzarse de cabeza a una romántica aventura. Las implicaciones sentimentales difícilmente contribuyen a una serena relación entre colegas.

Si es usted mujer, evite una indumentaria o actitudes provocativas destinadas a deslumbrar a los compañeros de trabajo. De esta forma podría arriesgarse a transformar la oficina en un escenario de competiciones sin duda poco apreciadas por quien le paga el sueldo. Por su parte, los hombres deben recordar que, aunque se habla tanto de igualdad entre los sexos, para una mujer es sumamente embarazoso ser objeto de chistes ambiguos o actitudes irónicas, así como de inoportunas insistencias galantes. Por ello, dé a sus compañeras todo el espacio que necesitan para expresarse libremente.

La envidia y los celos son defectos propios del ser humano, hay que reconocerlo, y no es de extrañar que un ambiente reducido, como el del lugar de trabajo, favorezca más de una ocasión para la manifestación de estos sentimientos. Si le afectan, sepa reconocerlos como lo que son, es decir, reacciones emotivas que pueden asaltarle tanto a usted como a los demás. Mirarlos con toda la distancia y objetividad que pueda ayudará a mitigar las inevitables consecuencias. Evite siempre los cotilleos, que al rebotar de mesa en mesa pueden transformarse de piedrecillas en un alud que acabe atropellándole.

Y recuerde que celebrar algo juntos, ya sea la Navidad, la Nochevieja o incluso un cumpleaños, facilita cierta familiaridad, así que proyecte o secunde la iniciativa del colega que propone tomar una copa al final de la jornada.

El trabajo puede ser rico en satisfacciones y gratificante, pero muy a menudo conlleva cansancio y preocupaciones, hasta el punto de vivirse a veces como un verdadero peso. Se podrá considerar afortunado quien tenga la capacidad de crear a su alrededor un clima de cordialidad y simpática complicidad, que le ayudará a superar con mayor facilidad los momentos «negros».

Currículum

Un currículum vítae bien hecho es su mejor tarjeta de visita. El estilo más utilizado es el que estructura el documento de forma clara y ágil, con un apartado para el historial académico y otro para las anteriores experiencias laborales. Para mayor claridad es mejor poner de relieve sólo los puntos principales y no demorarse en los secundarios, que

Un buen currículum debe responder a cinco preguntas básicas sobre su persona: quién es, qué hace en la actualidad, qué hizo en el pasado, cuándo y dónde. La respuesta a estas preguntas puede desarrollarse según su estilo personal. En cualquier caso, es importante atenerse a algunas reglas. Veamos cuáles.

• Evite toda información demasiado personal y que no añada nada a su perfil profesional.
• Señale el conocimiento de uno o varios idiomas, especificando si este conocimiento es superficial, bueno o excelente, y si ha pasado periodos en el extranjero por turismo, trabajo o estudio.
• Indique si sabe usar el ordenador, especificando a qué nivel y con qué programas.

H La redacción del currículum: algunos consejos

• Trate de dar los detalles justos. Por ejemplo, en lo que respecta al título de estudios, indique de qué tipo es y en qué escuela lo consiguió, pero no especifique la dirección de la escuela. En cuanto a la puntuación final, indíquela sólo si fue alta; en caso contrario más vale pasarla por alto.
• Adopte un estilo. Puede darle a su currículum una redacción discursiva, con frases completas con todos sus elementos y enganchadas una a otra como en un relato periodístico, pero lo más habitual y también lo más práctico consiste en utilizar un planteamiento más esquemático.
• Siga un orden cronológico en cada apartado (académico y profesional). Lo más recomendable en la enumeración es empezar por lo más reciente y terminar por lo más lejano en el tiempo.

podrán especificarse más tarde, durante una posible entrevista. Y no olvide sus datos personales y la dirección exacta, con el teléfono fijo, el móvil, el fax y la dirección de correo electrónico.

Hoy en día algunas empresas prefieren recibir un currículum escrito a mano. En este caso, sin forzar demasiado su caligrafía, es evidente que el texto deberá ser lo más claro posible y bien legible. Si esta condición no se impone de forma explícita, se recomienda usar la máquina de escribir o, mejor aún, el ordenador.

Por

la ciudad

Las personas y no las casas hacen la ciudad.
(Thomas Fuller)

«No debe el hombre noble correr por la calle, ni apresurarse demasiado; que ello conviene a palafrenero y no a caballero. Sin contar que el hombre se afana, suda y jadea, cosas que no corresponden a personas nobles. Ni por ello se debe tampoco ir muy lento ni muy grave, como la esposa o la novia.» (Ingenuo Della Casa). ¿Pero a quién le hablaba en su Manual de buenos modales?

Una sociedad como la descrita por él es hoy en día difícil de imaginar, ¡y quién sabe qué otros cambios chocantes nos reservará el futuro! De cualquier modo, entonces, como ahora y como en el futuro, salir de casa no quiere decir despojarse de lo que somos para revestir otra personalidad. No debería existir un nosotros privado y uno público. Comportarse con elegancia en toda posible situación no es una exhibición sino una inclinación del alma, si así puede decirse para referirse a la manifestación de algo profundamente arraigado en nosotros que representa nuestra esencia más auténtica. La primera elegancia se manifiesta hacia nosotros mismos, del mismo modo que se puede sentir más placer al hacer un regalo que al recibirlo.

La calle es el lugar que más se comparte con los demás, así que cada cual debe cumplir con su parte para mantenerla limpia y habitable. En las aceras abundan las papeleras: ¡úselas! Circular por un país limpio ayuda a intuir quiénes son los que lo habitan.

Y además: si sale para hacer recados, por el camino tendrá que entrar en oficinas públicas, tiendas, bares, etc., por lo que las oportunidades de interacción con los demás serán múltiples. Esperando ante un semáforo, en la desesperada búsqueda de un aparcamiento, apretados como sardinas en un transporte público, empujados por la multitud en una calle del centro, no le faltarán ocasiones para ponerse nervioso. Se encontrará con personas amables y maleducadas, igual de presionadas por fastidiosos problemas cotidianos. No se convierta por ello de Dr. Jekyll en Mr. Hide, y llévese de paseo a usted mismo, no a una reacción ante lo que le rodea.

Ascensor

Como vivimos cada vez más rodeados de una arquitectura vertical, el ascensor se ha convertido en el habitual medio de «escalada». Por consiguiente, se encontrará en muchas ocasiones con otros compañeros de «viaje» en esta pequeña habitación móvil. Veamos algunas reglas de buen comportamiento (a propósito: ¡no se fuma en el ascensor!).

Si tiene que utilizarlo por la noche será más probable que esté solo. No obstante, recuerde que no se encuentra en una nave espacial. Dar portazos al entrar o al salir, sobre todo en ascensores con cierre manual, puede molestar a los demás habitantes del edificio, que tal vez acaban de dormirse después de contar tres mil ovejas.

Durante el día, si ve de reojo que viene alguien, no se apresure a entrar en el ascensor para cerrarle la puerta en las narices a toda velocidad como un ladrón que huye. Espérele e infórmese del piso donde bajará, sobre todo si se trata de una persona cargada de paquetes o bolsas de la compra. No se trata de servilismo, sino sencillamente de esa buena educación que, con sus pequeños gestos, contribuye a hacer agradables las relaciones humanas en una sociedad cada vez más indiferente y presa de una ansiosa pasión por la eficiencia. Y a propósito de buenos modales: el hombre galante cederá el paso a la señora y la dejará entrar sosteniéndole la puerta abierta; al contrario, para salir la precederá y se preocupará de abrir y cerrar la puerta.

No hace falta recordar que es obligado ayudar a las personas mayores y a los minusválidos a subir o bajar, bloqueando las células fotoeléctricas en caso de ascensores con cierre automático.

Cuando entre en el ascensor no vuelva la espalda a quien lo ocupa con usted, no tosa ni silbe mirando el techo. La posible incomodidad se disolverá con un cortés «buenos días» al entrar y al salir. Si tiene que compartir el ascensor con algún conocido, al bajar no continúe la conversación a medio camino entre el exterior y el interior, bloqueando así la cabina en el piso.

ESCALERAS ARRIBA Y ABAJO

• En las escaleras, él la precede a ella al bajar y la sigue al subir. Al observar esta regla, si ella tropieza él podrá sujetarla.

• En una escalera de caracol, ella ocupará el lado donde los peldaños son más anchos.

• Al cruzarse en una escalera, él se apartará y le cederá el paso a ella.

Una opción consiste en bajar ambos, terminar la charla y volver a llamar el ascensor más tarde.

Si se encuentra en unos grandes almacenes y el ascensor está muy lleno, no se obstine en subirse encima de los demás: más vale esperar a que vuelva a pasar.

¿Y si en la cabina se produce un imprevisto, por falta de energía eléctrica o avería técnica? Nada de pánico, gritos o desesperadas peticiones de ayuda a quien está con usted. Todos los ascensores poseen pulsadores de emergencia, así que espere con calma sin empeorar la situación.

Automóvil

A bordo de su automóvil, incluso la persona más amable se arriesga a sufrir una auténtica metamorfosis. A veces se tiene la sensación de encontrarse, más que con un inocuo vehículo civil, con un amenazador tanque conducido por un belicoso conquistador. En la sociedad de hoy, proyectada hacia una velocidad de desplazamiento cada vez mayor, los vehículos de cuatro o dos ruedas revisten más que nunca una función básica, aunque paradójicamente se arriesgan a caer justo en lo contrario de lo que pretenden. En efecto, los embotellamientos son algo cotidiano y obligan a los automovilistas a irritantes esperas en fila. A pesar de ello, el automóvil mantiene su encanto de símbolo de estatus, por lo que se corre el riesgo de trasladar al nuevo bólido, último modelo y con todos los accesorios, la propia identidad. En cierto modo es como decir: «Yo soy mi automóvil».

Además del Código de Circulación, que obliga a observar un comportamiento muy concreto, no estaría mal hacerse un chequeo general que, con un pequeño esfuerzo por parte de todos, contribuiría a mejorar de forma considerable la vida de todos.

Accidente

El accidente no sólo está a la orden del día en autopistas y carreteras, sino que también en la ciudad las ocasiones son múltiples. En un instante de distracción puede chocar con otro vehículo, y al salir de un aparcamiento se puede dañar a otro coche. Conserve la calma y la elegancia. Será más fácil aclarar la situación y ponerse de acuerdo sobre los posibles daños.

En primer lugar asegúrese de que ninguna persona implicada en el accidente necesita socorro y a continuación preocúpese de los vehículos. Entre personas educadas el parte amistoso no debería causar problemas. A este respecto, recuerde llevar siempre los correspondientes formularios que expiden las compañías de seguros. En caso de desacuerdo es mejor llamar a la policía de tráfico o a la guardia urbana, tratando de aclarar in situ la dinámica del accidente. Ello facilitará más tarde los trámites del seguro.

Si se alcanza un acuerdo, lo mejor es siempre desdramatizar, tanto por parte de quien ha causado el accidente como de quien ha salido perjudicado. Una actitud comprensiva ante una honrada admisión de culpa es la solución más adecuada para la circunstancia. El daño ya está hecho, ¿qué sentido tiene desfogarse con reproches e insultos? La disputa es siempre un espectáculo poco agradable y no dice mucho en favor de quien participa en ella.

Si el accidente ha sido causado por una mujer y usted es un hombre, evite las apreciaciones pasadas de moda. Hoy en día, al volante no existe distinción alguna entre hombres y mujeres. Y si usted es una mujer, ¡absolutamente prohibido pasar a mayores! Hágase respetar aclarando con calma su punto de vista. No se deje arrastrar a polémicas que sin duda no corresponden a lo que cabe esperar de una señora, sin renunciar por ello a sus razones.

Si daña de forma involuntaria un vehículo vacío, podría pensar que no hay nada más fácil que marcharse sin problemas y dejarle al otro el problema… Precisamente en un caso como este tendrá ocasión de valorar su sentido de la responsabilidad y el respeto que siente por los demás. No hace falta decir que una persona correcta dejará en el parabrisas del vehículo dañado una nota de disculpa con los datos necesarios para ser localizada y proceder a la compensación.

Información

No saberse orientar en una ciudad desconocida o no encontrar una calle al otro extremo de su ciudad no tiene nada de malo, ya que siempre puede pedir información por el camino.

Si quiere una respuesta exhaustiva, pregunte con amabilidad (bastan las clásicas fórmulas de cortesía como «buenos días, por favor, podría decirme dónde…» y «gracias, muy amable»). Salvo casos raros, de personas evidentemente irrecuperables en cuanto a buenos modales, es difícil que obtenga respuestas maleducadas si su actitud es amable. Sin embargo, es cierto que los demás no están obligados a perder el tiempo por usted, por lo que responderle es siempre una forma de cortesía.

Además, recuerde seguir estas sencillas reglas dictadas por el sentido común. En primer lugar, reduzca la velocidad con tiempo antes de parar a alguien y preguntarle. Si llega a todo gas y frena de golpe, con los tiempos que corren podría parecer un delincuente. Cuando pida una información saque la cabeza por la ventanilla y no obligue a quien le responde a introducir la mitad del cuerpo en su vehículo.

Cuando le den una dirección nueva para usted, más vale preguntar el punto de referencia más cercano, como una iglesia, un supermercado, un monumento, etc. Le será mucho más fácil obtener la información necesaria para llegar. No aproveche un semáforo para pedir información, a menos que sea muy breve. En caso contrario no podrá entender nada en el breve lapso de tiempo antes de que cambie y además se arriesgará a recibir toda una sarta de improperios. Y si pide la información que necesita en un local público, no obstaculice el acceso al mismo; aparque antes de entrar.

Por último, si es usted quien da una información, tenga en cuenta que hallarse en la calle sin saber exactamente hacia dónde ir constituye una situación muy incómoda. Por ello, dentro de lo posible trate de ayudar a quien le pregunta.

Pasajeros A veces ocurre —y debería ocurrir más a menudo: así a lo mejor se conseguiría descongestionar un poco el tráfico y contribuir a reducir las emisiones tóxicas...— que se comparte el viaje con alguien. También en este caso, basta seguir unas reglas sencillas para hacerlo lo más agradable posible.

Al acoger a alguien en su automóvil asegúrese de que no sufra por su forma de conducir y regule la temperatura dentro del habitáculo, de forma que resulte agradable para todo el mundo. Preste especial atención si su pasajero es una persona mayor.

Cuando una persona, en especial si se trata de una mujer, sube a su coche, concédale el tiempo necesario para acomodarse, cerrar la puerta y abrocharse el cinturón de seguridad. No arranque de forma brusca obligándola a hacer movimientos acrobáticos.

Recuerde que la bocina no es un instrumento para saludar a los peatones o intimidar a los demás usuarios de la carretera, así que trate de usarlo sólo en caso de necesidad. Como pasajero, intente no molestar a quien está concentrado en la conducción, tal vez en busca desesperada de una calle desconocida o de un aparcamiento imposible de encontrar. Tampoco obligue a un pobre conductor a hacer maniobras complejas para llevarle hasta su destino. Si es necesario, dígale que le deje en el lugar más cercano y de fácil acceso para él. Dos pasos a pie nunca han matado a nadie. Si el automóvil que le alberga es de una persona que no fuma, *evite apestarlo. No hay nada más fastidioso y difícil de eliminar, sobre todo en un ambiente pequeño, que el olor de un cigarrillo. En cambio, si el automóvil es de un fumador, sería aconsejable el uso de un ambientador adecuado, a fin de no mortificar a los posibles pasajeros que no tengan una buena relación con el tabaco.*

Por último, tres sencillas reglas de auténtica etiqueta:
- *en caso de varias personas, la de mayor importancia se sienta junto al conductor, a menos que manifieste una preferencia distinta;*
- *el hombre abre y cierra la puerta a la señora que sube o baja del automóvil, si lo permite el tráfico (¡no hace falta transformar un gesto galante en un coro de improperios por parte de quienes vienen detrás!);*
- *si es usted una mujer, las normas tradicionales de los buenos modales enseñan que la señora, vestida con falda, debería sentarse de través y meter las piernas en el vehículo con las rodillas juntas. Al llevar pantalones ese gesto ya no es necesario, y será suficiente con subir al coche con elegancia y naturalidad.*

Pasos de cebra
Su comportamiento no debería consistir en una simple etiqueta con la que se reviste, sino que debe reflejar su propia forma de ser.

La distinción y el refinamiento se revelan en los gestos cotidianos, de modo espontáneo y natural, como por ejemplo reduciendo la velocidad, frenando siempre con suavidad y, si es necesario, parando en presencia de pasos de cebra o semáforos.

A propósito de pasos de cebra, si ve a un peatón que se dispone a bajar de la acera no acelere pensando que tendrá tiempo de pasar antes. Al contrario, frene y dele tiempo de cruzar sin arriesgarse a sufrir un infarto. En caso de que le asalte una repentina compasión y decida derrochar un instante de su valioso tiempo en espera de que la señora con niño y bicicleta crucen la calle, no les incite luego a darse prisa con un rabioso acelerón.

Si el último peatón llega jadeando al semáforo y aún no ha alcanzado la acera opuesta cuando cambia a verde, sería una exageración matarle por ello. Preste atención sobre todo a las personas mayores y a los niños, tanto a pie como en bicicleta. Los primeros pueden no tener ya el tiempo de reacción adecuado para esquivarle, mientras que los segundos suelen ser imprevisibles.

En definitiva, cuando esté al volante sepa distanciarse lo suficiente y mantener la calma necesaria para afrontar situaciones que de lo contrario no harán sino crear, en usted y en los demás, un perjudicial e inútil nerviosismo.

Banco

El banco es el lugar donde se concentran las alegrías y las penas financieras. Hay quien entra con indiferencia, o intimidado por el ambiente austero, y quien accede como si fuese su propietario, apoyado en una sustanciosa cuenta.

En cualquier caso, delante de la ventanilla todo el mundo está obligado a respetar su lugar en la cola. Hoy en día muchos bancos disponen de distribuidores de números de turno, por lo que ya no nos arriesgamos al fatídico «¡yo iba primero!» o a la discusión sobre el derecho de preferencia. De todos modos, basta un poco de atención y de tranquila firmeza al defender el propio lugar. No es necesario dejar en la puerta la amabilidad y los buenos modales sólo porque se entra en el aséptico mundo del dinero.

Para la realización de trámites delicados suele acomodarse al cliente en locales separados, donde la intimidad está asegurada. En los demás casos, cada cual deberá comportarse de la forma más correcta posible, esperando su turno a la debida distancia de la ventanilla. Es más, como en otras oficinas públicas, hoy en día existe la costumbre de aplicar en el suelo una tira de color o bien instalar una ligera barrera, delimitando así el espacio entre el cliente que está en la ventanilla y la persona que espera. Esta precaución es necesaria precisamente para proteger la gestión de la invasión de curiosos.

Por ello, no resulta adecuado acercarse mucho a los demás, por ejemplo apoyándose en el mostrador para sacar del bolso talonarios, apuntes, carnés, extractos de cuentas, bolígrafos y cacharros diversos, ni tratar de colarse con la justificación de haber dejado el coche en doble fila… ¡En el banco nadie se apiadará de usted!

Es evidente que la consistencia de la cuenta corriente no da permiso para un comportamiento altivo o de suficiencia, ni para la adquisición de un derecho de preferencia sobre los demás. Es más, si acaso será lo contrario. El verdadero señor se comporta con estilo y elegancia, prescindiendo de cualquier consideración de carácter venal.

Si acude habitualmente al banco, no haga ostentación de su familiaridad o amistad con los empleados saludando y gesticulando desde el último lugar de la cola. Del mismo modo, cuando llegue su turno no resultará adecuado mantener una agradable conversación en la ventanilla sobre las recientes vacaciones, fingiendo que no se da cuenta de los bufidos de quien está esperando aún en la cola. Por encima de todo, esta actitud puede poner al empleado en una situación incómoda, ya que se sentirá divi-

dido entre la cortesía hacia usted y la prisa de contentar también a los demás clientes.

¡Nunca invada la intimidad ajena! Si en el banco se encuentra con un amigo o un conocido, no se pegue a él. Es posible que no quiera compartir con usted la razón por la que se encuentra allí sin que por ello usted deba sentirse ofendido. En definitiva, también en este caso son los matices los que dan la medida de la sensibilidad de una persona, y poner en una situación incómoda a los demás constituye una actitud muy poco elegante.

Gasolinera

Dada la evolución del precio del petróleo, y por consiguiente de la gasolina, el abastecimiento de carburante es hoy en día una especie de sablazo para los bolsillos de los automovilistas. Sin embargo, por desgracia no le será posible eximirse de abrevar a su «corcel» o «rocín», según los casos.

Si tiene la costumbre de poner gasolina en el mismo distribuidor, habrá adquirido cierta confianza con el personal que trabaja en él y, además de las habituales formas de cortesía, se podrá permitir algunos comentarios adicionales. De todos modos, no se sienta autorizado a hacerles perder el tiempo sólo porque es un cliente habitual. Del mismo modo, podría suceder que sea usted quien tenga mucha prisa y sea el empleado de la gasolinera quien le entretenga con las consideraciones sobre el partido de fútbol del día anterior. Forma parte de la cortesía no invadir el tiempo ajeno en momentos poco oportunos.

En cambio, si se para en cualquier gasolinera, no entorpezca el paso de quien llega después de usted parándose delante del surtidor para preguntar la opinión del empleado sobre algún presunto «ruidito» en el motor. Ese tipo de asesoramiento no es competencia suya. Rellenar el depósito de aceite y otras pequeñas operaciones de mantenimiento deberán hacerse de forma que no se impida repostar a los demás vehículos.

Con frecuencia, los empleados de las gasolineras, sobre todo en la autopista, se encargan de limpiarle el parabrisas o preguntarle si desea comprobar el aceite o la presión de los neumáticos. Aunque no esté de buen humor no responda con un gruñido como si le estuviesen ofendiendo, ya que esas preguntas forman parte de su trabajo y se formulan para prestarle un eventual servicio.

¿Qué decir de los distribuidores automáticos, salvo que siempre falta la tarjeta o el billete adecuado para la ocasión? Y aunque el billete apareciese de forma milagrosa después de hurgar en todos los rincones de la cartera, seguro que estará doblado y no servirá... En cualquier caso, no se deje

llevar por el pánico, y no emplee diez minutos cuando bastaría uno. Si no tiene práctica con ese sistema de repostar y no sabe usar la máquina, nada más fácil y natural que pedir con amabilidad que le echen una mano. Si el problema está en el billete, que es escupido de forma sistemática con asco, deje libre el paso y busque a alguien capaz de cambiarlo por uno que sea aceptado por la máquina.

No se irrite si es usted quien tiene que esperar un instante de más y, sobre todo, no se comporte como un verdadero maleducado tocando la bocina. Es mejor que baje del coche y pregunte si puede ser útil. La próxima vez podría sucederle a usted.

Farmacia

Con el tiempo, la imagen de la antigua farmacia, oscura y silenciosa, se ha transformado de forma radical en la de un supermercado del bienestar. Los viejos estantes de madera, repletos de misteriosos cajoncitos, se han convertido en brillantes cajoneras etiquetadas de la A a la Z, que se deslizan silenciosas en sus guías. Los típicos jarrones blancos y azules que contenían pastillas y caramelos son hoy en día sobrios expositores cargados de cajitas de colores, mientras que los armarios con puertas de cristal biselado se han convertido en relucientes vitrinas para cosméticos y remedios más o menos «alternativos» y de nombres exóticos. Así, es fácil que el tiempo en la farmacia se dilate de forma desmesurada al elegir un producto u otro.

Sin embargo, ¡tenga piedad del farmacéutico! No lo obligue a darle irritantes consejos médicos que, por encima de todo, no son competencia suya, y no lo agobie con peticiones de consejos detallados sobre la resolución de vagos síntomas. A veces hay quien, mientras espera su turno, se ve obligado a escuchar toda una serie de explicaciones sobre la diferencia de los resultados producidos por veinte preparados distintos adecuados para atacar cinco centímetros de celulitis... No inflija también usted un «suplicio» así a los demás. Eso no significa renunciar a informarse sobre lo que compra, pero si no es una urgencia más vale esperar un momento más oportuno y tranquilo para pedir aclaraciones.

No se pierda en polémicas si el farmacéutico declara que no puede darle sin receta del médico un medicamento que, según su amiga X o Y, produce efectos milagrosos. Entienda que la responsabilidad de lo que le vende es suya y que no todos los medicamentos pueden distribuirse con la facilidad con que se ofrece un helado.

Además, en la farmacia tiene derecho a recibos y reembolsos, siempre previstos por la normativa legal, así que infórmese sobre lo que le corresponde antes de entablar una batalla o insistir con peticiones imposibles de cumplir. Y recuerde que la farmacia es uno de esos lugares donde la atención hacia los demás se manifiesta con el respeto a la intimidad. No se quede escuchando con molesta insistencia lo que un cliente le pide al farmacéutico. Muchas veces se trata de consejos relativos al ámbito personal que tampoco a usted le gustaría exhibir en público.

Médico

La relación con el médico de cabecera es muy delicada y toca toda una serie de problemáticas. En primer lugar, la burocracia ha formalizado una serie de normas que, si por un lado organizan el sistema sanitario, por otro hacen más aséptica la relación médico-paciente. En segundo lugar, la irrupción del ordenador en las consultas médicas provoca en muchos pacientes la sensación de ser sólo un nombre en una ficha.

Por otra parte, tampoco el médico se puede sustraer hoy en día al problema de la cantidad de pacientes y el tiempo del que dispone, es decir, los pacientes son cada vez más y el tiempo cada vez menos. De todas formas, sigue siendo de fundamental importancia, además de la estricta información necesaria para un primer diagnóstico, disponer de un espacio para descubrir las posibles causas de la enfermedad. Como todo el mundo sabe, además de los síntomas físicos, en la mente se ocultan otros importantes factores inconscientes causantes de trastornos.

EL PRIMER MÉDICO, EN 2700 A. DE C.

«En Mesopotamia vivió, según el experto norteamericano que descifró numerosos textos sumerios, Samuel Noah Kramer, el primer médico cuyo nombre se conoce, un tal Lulu, que vivió en la ciudad de Ur hacia el año 2700 a. de C.

»Cabe añadir que, como demuestran los textos interpretados, ya entonces se distinguían diversas especializaciones, y en especial la veterinaria; lo demuestran los títulos de "doctores de los bueyes" o "doctores de los asnos".

»El texto médico más antiguo, también procedente de Mesopotamia, data del año 2200 a. de C. aproximadamente. Contiene en ciento cincuenta líneas quince prescripciones que se pueden dividir en tres grupos: el primero se refiere a las pomadas, el segundo a las decocciones, el tercero a las lociones.»

(Sabatino Moscati, Vita di ieri e di oggi)

Entre formalidad e informalidad

• Preséntese en una consulta médica en orden y limpio, no proteste si le hacen esperar provocando un pequeño motín en la sala de espera y absténgase de cualquier comentario sobre la capacidad del médico. No olvide un saludo cortés para quienes se hallan en la sala de espera tanto al entrar como al salir.

• Si no hay un distribuidor de números de orden, infórmese sobre el último en llegar para saber con certeza cuándo será su turno.

• Al entrar en la consulta del médico exponga en primer lugar la razón principal por la que acude a él; luego pase a los detalles secundarios pero con cierto orden, a fin de permitirle formarse una clara impresión general. No estaría mal preparar una lista de lo que quiere decirle, para evitar al despedirse la fatídica frase: «Por cierto, doctor, se me había olvidado decirle…».

• Aunque su médico esté bien dispuesto a escuchar, no aproveche su tiempo para eventuales confidencias poco pertinentes respecto al problema para el que ha acudido a él. Es cierto que el médico debería cumplir también una función de amigo y confidente, pero sólo en el ámbito de su salud.

• Trate de no insistir con peticiones de medicinas o análisis de los que ha oído hablar: sería como decirle a quien le está tratando que no se fía de él. Sin embargo, nada le impide pedir algunas aclaraciones sobre su diagnóstico y sobre las decisiones que pretende tomar. Hoy en día la mayoría de los doctores están más que dispuestos a comentar con el enfermo su situación clínica.

• Si tiene el número de teléfono privado de su doctor, sepa usarlo con discreción. No insista de forma exagerada dramatizando cada malestar ni telefonee en horas intempestivas. Si necesita una receta o un certificado, acuda al ambulatorio sin molestarle con una llamada inútil.

• En caso de grave debilidad que no le permita salir, el médico vendrá a su casa. Prepare un ambiente limpio y luminoso donde pueda desarrollarse la visita en condiciones óptimas y procure que no falte en el baño una pastilla de jabón nueva y una toalla limpia.

• En caso de visita al especialista lleve toda la documentación necesaria para una clara visión del tratamiento médico realizado hasta entonces. Si acude a una consulta privada recuerde que deberá pagar usted, así que no olvide llevar una cifra suficiente para evitar embarazosas disculpas en el momento del pago.

La primera referencia para orientarse en este laberinto de molestias físicas y trámites burocráticos es precisamente el médico de cabecera, que prescribirá un tratamiento o unos análisis preventivos o bien lo redirigirá hacia otros especialistas. Recuerde que el médico ejerce una profesión compleja y que no puede preocuparse sólo por su caso. Usted mismo se beneficiará si sabe distanciarse emotivamente de su enfermedad todo lo posible, evitando convertirla en el eje en torno al cual gravita su vida.

Transportes públicos

Los transportes públicos tienen la enorme ventaja de protegerle de un ataque de nervios, ya que hay quien se preocupa en su lugar de moverse entre el caos urbano. En contrapartida, usted deberá someterse a horarios concretos y a incómodos trayectos agarrado a soportes metálicos. En las grandes ciudades, el metro ha resuelto muy bien el problema del tiempo de traslado de un punto a otro. El único posible inconveniente es tener que ir a lugares más o menos alejados de la parada en la que se baja.

Al utilizar este servicio recuerde siempre que en los transportes públicos viaja una marea incesante de seres humanos, cada uno con sus tristezas, alegrías y esperanzas. Aunque se trate de una multitud anónima, trate de considerar a cada uno de ellos con simpatía, lo cual le dará la sensación de observar con benevolencia la vida que palpita a su alrededor.

Entre formalidad e informalidad

• Si tiene previsto emplear el transporte público no programe grandes compras, pues le supondrían un notable estorbo. En caso de que no pueda evitar los voluminosos paquetes o bolsas, sitúese al fondo del vehículo o donde crea que molestará menos.

• Al llegar el vehículo que está esperando debe dar preferencia a quienes deben bajar; a continuación podrá subir.

• Una vez pasada la primera infancia ya no le está permitido subirse a los hombros de los demás, así que no se eche encima de la persona que tiene delante. Dado que en ningún caso podrán subir todos al mismo tiempo, más vale quedarse un poco atrás, e incluso, si hace falta, esperar a que pase otro vehículo, sobre todo en las horas punta.

• Tanto si usa el tranvía como el autobús o el metro, no dude en ceder su asiento en presencia de una persona mayor o de alguien con evidentes dificultades, como una señora embarazada o con un niño en brazos.

• Dé siempre todos los datos a quien le pida información sobre el medio de transporte que debe tomar para llegar a un lugar determinado, sobre todo si se trata de un extranjero. Si no puede ayudarle, aconséjele que se dirija al conductor en caso de transporte de superficie o a un empleado en el caso del metro.

• Si en un transporte público alguien le pisa un pie, si los pasajeros van amontonados como sardinas en lata, si el conductor cierra de golpe la puerta mientras está bajando, si delante de la salida un robusto pasajero se niega a dejarle pasar, si el vecino de asiento lee el periódico de usted con la cabeza casi apoyada en su hombro o si un niño le da patadas en la espinilla, ¡sepa mantener siempre una estoica calma!

Correos

La oficina postal cumple hoy en día casi todas las funciones de un banco, aunque el ambiente que se respira en ella es distinto, mucho menos formal. En nuestro imaginario colectivo, la expresión oficina de correos equivale a cola, cola equivale a pérdida de tiempo, pérdida de tiempo equivale a impaciencia e impaciencia equivale a nerviosismo. Así pues, la única forma de afrontar este añejo problema es evitar estas asociaciones y afrontar la oficina postal con un poco más de buen humor.

Póngase pacientemente en fila y espere a alcanzar la ansiada meta. Mientras tanto, asegúrese de hallarse en la fila adecuada. Que nunca se diga que, después de alcanzar tras un lapso de tiempo, que le ha parecido eterno, la ventanilla número tres, le digan que el servicio que solicita es competencia de la ventanilla número dos. En tal caso, será inútil que tratara de colarse en la fila adyacente, pues le expulsarán con actitudes belicosas al fondo de la misma. No mire a su alrededor en busca de compasión ni se queje en voz alta enumerando todos los compromisos que esa espera le obliga a anular. ¡Sepa que quienes le rodean comparten su misma suerte!

Un comportamiento educado también significa procurar acortar el tiempo de espera, evitando impedimentos y posibles distracciones. Con este fin rellene con tiempo los posibles formularios. Un consejo: tenga al alcance de la mano un bolígrafo, a ser posible que funcione, para escribir rápidamente los datos que pueda haber olvidado y, si tiene que hacer un pago, prepare el dinero necesario. Si paga con tarjeta de crédito, no espere a alcanzar la ventanilla para ponerse a buscarla agitadamente en todos los bolsillos o en la bolsa, esparciendo mientras tanto mercancía de todo tipo en la superficie de apoyo de la ventanilla. Si lo mismo le sucediese a la persona que le precede, sin duda tendría hacia ella pensamientos poco edificantes.

Por último, cuando se encuentre cara a cara con el empleado postal, no lo convierta en su chivo expiatorio. No tiene ninguna culpa de que la oficina esté demasiado llena ni de la consiguiente cantidad de tareas que debe realizar. Muéstrese cortés y pida lo que le interesa sin hacerle perder más tiempo del necesario. Si quiere presentar quejas concretas sobre el servicio, siempre puede dirigirse al responsable de la oficina, que se encargará de verificar la consistencia de sus protestas.

Si tiene que enviar un paquete, preste atención al envoltorio, que deberá cumplir las disposiciones postales. Escriba con claridad la dirección del destinatario y del remitente tanto en el paquete como en la nota correspondiente; en caso contrario no se queje de los posibles errores en la entrega.

Restaurante

Nada mejor para relajarse con los amigos, corresponder a un favor, ganarse la simpatía de un probable socio o, por qué no, conquistar a la mujer de sus sueños, que invitarles a un restaurante.

Para la elección del local debería inclinarse por un lugar ya conocido en el que tenga la seguridad de poder ofrecer, además de una buena comida, un servicio atento y un ambiente acogedor. En caso contrario podría encontrarse con desagradables sorpresas, entre ellas una cuenta exorbitante.

Como es natural, existe toda una serie de comportamientos que deben adoptarse en el restaurante, a pesar de la libertad de expresión cada vez más amplia. Son estos:

• Antiguamente, el caballero, a fin de evitar malos encuentros y, sobre todo, la presencia de peleas, enviaba a su criado antes de hacer entrar a la gentil damisela en un local público. También hoy el hombre suele preceder a la mujer al entrar en un local, por fortuna no por los mismos motivos.

• Y sobre la cuestión de la entrada, si queremos ser muy formales cabría hacer una distinción. Si la puerta está cerrada, la persona que invita precede a los invitados y se detiene luego en el umbral. Ante una entrada abierta y con personal de servicio en el umbral, la persona que invita cede el paso a los invitados. La persona que invita precede luego a las señoras, o a todos los invitados, hasta la mesa asignada.

• Si se trata de una invitación en plena regla, con su reserva y todo, será siempre quien invita, hombre o mujer, quien dé al maître el nombre con el que se ha efectuado la reserva. A su vez, el maître indicará al camarero que preceda a quien invita hasta la mesa, seguido de las señoras y por último de los hombres.

• Si está en compañía y al pasar ve a unos conocidos sentados a otra mesa, hágales un gesto de saludo. Si se trata de conocidos comunes, se puede detener para intercambiar cuatro frases de conveniencia. En este caso los hombres deberían levantarse, mientras que las señoras permanecerán sentadas.

• Al llegar a la mesa las señoras se sentarán en primer lugar, mientras que a los hombres les corresponde la tarea de desplazarles la silla para ayudarlas. Concluido este «rito» se sentarán ellos también.

• Las señoras serán las primeras en repasar la lista del menú, tarea ímproba para las personas indecisas, que se sentirán responsables de la espera de los demás hasta que elijan. Será posible pedirle al camarero aclaraciones sobre la preparación de los platos, a ser posible sin entrar en detalles culinarios.

- *Si tiene que llamar la atención del camarero hágalo con discreción. ¡Está estrictamente prohibido llamarlo en voz alta, chasquear los dedos o golpear la copa con un cubierto!*
- *La botella de vino es presentada, aún precintada, a la persona que invita. También la cata del primer trago es competencia de quien invita, que podrá confiar su degustación a un invitado si lo considera más competente. Una vez obtenida la aprobación, el vino se servirá primero a las señoras y luego a los hombres, dejando para el final a quienes invitan. En los restaurantes más elegantes o en banquetes con más de quince personas, la degustación suele ser competencia del sumiller o, en su ausencia, del jefe de camareros.*
- *No dé el asalto a la comida en cuanto aparezca ante usted; espere a que hayan servido a todo el mundo.*
- *Prohibido que en una comida o cena participe el periódico o el teléfono móvil. Concéntrese en sus invitados y controle que todo vaya bien.*
- *La cuenta se paga de forma discreta. En caso de que pague en la mesa, mejor con tarjeta de crédito, no se pare a comprobar meticulosamente la suma o el coste de los platos; si lo desea, puede hacerlo más tarde.*
- *Una vez acabada la comida, serán las señoras quienes se levanten las primeras, seguidas de los hombres. Quien haya invitado será el último en salir del local.*

Como es natural, una comida puede asumir un tono más informal, sobre todo si se organiza entre amigos, colegas o compañeros de estudios. En este caso se puede dividir la cuenta, es decir, pagar en partes iguales el gasto, eso sí, absteniéndose de discutir sobre lo que corresponde pagar a cada uno y de quejarse de la calidad y cantidad de la comida, subrayando quizá que usted ha comido menos que otros. Y en cualquier caso, no llame la atención enzarzándose en discusiones poco elegantes sobre cifras y formas de pago. Lo ideal sería que uno pagase por todos y más tarde se hiciesen cuentas.

Propina

Dar la propina con desenvoltura y elegancia es un gesto que distingue a la persona con clase.

En algunos países la propina es una costumbre, una especie de tasa de servicio prácticamente obligatoria de hasta un diez por ciento. Este es el caso, por ejemplo, de Francia y Suiza.

Sea como fuere, la propina se acepta en todas partes y sirve para indicar de la forma más inmediata que se ha apreciado el buen servicio. En caso de que se pague con tarjeta de crédito, la propina debe darse aparte, en metálico y en el momento de la devolución de la misma.

Supermercado

El supermercado es ¡la manifestación más concreta de la democracia comercial! Las grandes cadenas de supermercados, nacidas hace unos treinta años siguiendo el ejemplo norteamericano, han arraigado cada vez más en todo el territorio de nuestro país, hasta el punto de que hoy en día representan un componente importante de la vida cotidiana.

En la actualidad, una típica frase recurrente es: «¿Vamos un momento al súper?». O bien, al encontrarnos con una amiga: «Perdona pero llego tarde, ¡tengo que ir al súper!» Y es cierto que en el súper es todo súper: el tiempo necesario, la variedad y, si no se tiene un poco de cuidado, el gasto final.

Hace algún tiempo al supermercado se iba para la compra semanal, mientras que para remediar los olvidos de algunos productos de uso habitual se recurría a la tienda de la esquina. Ahora que la red ha crecido tanto, tendemos a pararnos en el supermercado más próximo incluso para comprar sólo dos o tres productos. La del supermercado es una fascinación a la que uno no se puede resistir, una especie de dependencia, aunque al salir de él no dejaremos de sentirnos culpables por no haber sabido resistirnos a algunas compras. Por otra parte, ¿cómo podríamos, en el reino del tres por dos y de la superoferta?

- Si dispone de tiempo puede recorrer los diversos pasillos y entretenerse curioseando entre los nuevos productos que aparecen en el mercado casi a diario. Sin embargo, de esta forma se arriesga a salir con el carro lleno, la cartera vacía y, en compensación, nada de lo que necesita. Es mucho mejor preparar de antemano una lista detallada a medida que se dé cuenta de la falta de algo.
- Llene el carro con cierto orden, a fin de evitar pilas de productos inestables que podrían caerse de un momento a otro y causar un estropicio.

H Algunos consejos

- Si tiene perros, evite llevarlos para luego obligarles a esperar mucho rato en el coche, sobre todo en verano.
- Los niños sólo le acompañarán de buena gana si los estimula con la promesa de unas galletas determinadas o unos dulces. En caso contrario se mostrarán tercos como mulas y se aburrirán muchísimo. Si la edad lo permite, trate de implicarlos en las compras, aprovechando para empezar a explicarles los conceptos de necesidad y ahorro: las lecciones in situ son siempre útiles.

Entre formalidad e informalidad

• No se pare delante de un grupo de productos durante demasiado tiempo en espera de que la inspiración divina le ilumine aconsejándole cuál comprar. Podría estorbar a las personas que tienen que proveerse precisamente en ese sector.

• Si se encuentra con algún conocido, quizá con la respectiva familia, no se apoye cómodamente en el carro mientras entabla una animada conversación en mitad de un pasillo. Si no puede escaparse, al menos sitúese en un rincón donde no moleste a los demás.

• A menudo, la sección de fruta y verdura se rige por el sistema de autoservicio y, por obvios motivos de higiene, se prescribe el uso de guantes desechables facilitados en los correspondientes distribuidores. No olvide ponérselos y tirarlos luego en el cubo de basura.

• Si tiene que pesar las bolsas de fruta y verdura para la aplicación del código de barras, no la emprenda a codazos para acaparar la báscula. Si en ese momento hay cola, espere o mientras tanto haga alguna otra compra.

• En las secciones especializadas provistas de número guarde su turno. Si se despista con otra compra de nada le servirá justificarse diciendo que ya estaba allí y que se ha ausentado sólo por unos minutos: cuando llamen a su número debe estar presente o perderá la vez.

• No empuje el carro como un ariete. Aunque no se arriesga a un accidente mortal podría provocar algún choque, seguido de los correspondientes improperios. Si la víctima es usted, minimice lo sucedido; si es usted quien ha embestido, discúlpese, a ser posible con una sonrisa.

• El último problema antes de alcanzar la salida es el paso por las cajas. Después de echar un rápido vistazo general escoja su posición y permanezca allí. No inicie una serie de idas y venidas entre una caja y otra con la esperanza de ganar uno o dos puestos, molestando mientras tanto a otras personas. En la mayoría de los casos en los que se abandona una caja, uno se da cuenta de que la fila que acaba de abandonar avanza mucho más deprisa que aquella a la que se ha desplazado…

• No mire con hastío a quien le precede y que de forma involuntaria causa algún bloqueo en el paso de los productos, no alce la vista al cielo resoplando ni considere a la cajera la reina de los torpes. Sea consciente de que se encuentra en un lugar donde la paciencia es la única arma vencedora.

• Al salir al aparcamiento cargue el coche lo más rápido posible y no con una absoluta indiferencia ante la espera de otros que posiblemente deseen ocupar su puesto.

• Si al ir a devolver el carro alguien se lo pide a cambio de la moneda, no lo mire como si quisiera estafarle; déjeselo cortésmente. Por encima de todo, le evita tener que devolverlo a su lugar.

No hace falta precisar que no deberá entrar en el supermercado como persona educada, transformarse en maleducado en su interior y volver a salir educado. El estilo y la buena educación forman parte de usted, ¡no del lugar donde se encuentra!

Taxi

Si excluimos el factor económico, el taxi es el medio más cómodo para desplazarse en automóvil en una gran ciudad. Le evita problemas de tráfico y aparcamiento, le permite acceder a cualquier zona del centro a todas horas y le alivia del peso de paquetes o maletas que transportar.

Hoy en día los servicios de llamada son muy eficaces y activos las veinticuatro horas. Cuando llame para reservar un taxi le indicarán el número del vehículo y cuánto tiempo tardará en llegar a su dirección. Espere en la calle y compruebe antes de subir que el número del taxi corresponde al que le han indicado.

Si lleva equipaje, deje que sea el taxista quien lo cargue en el maletero y lo descargue a la llegada. Como es lógico, en este caso deberá dejar una propina adicional por el servicio.

Si tiene alguna preferencia sobre el itinerario, indíquela al comienzo del viaje. Será el taxista quien haga objeciones en caso de calles de un solo sentido o de otros problemas. Una vez aclarada la dirección y el recorrido no le agobie con críticas o consejos sobre caminos alternativos.

Durante el trayecto no está obligado a conversar, aunque podría ser que el taxista fuese una persona locuaz, amante de charlar con los clientes. No responda con monosílabos o con altivez como para resaltar un vacío imposible de llenar entre la posición de uno y otro. Nadie le obliga a contarle sus asuntos: tenga sólo la cortesía de escucharle y deje que sea él quien le describa quizá sus peripecias en la carretera. El recorrido le parecerá menos aburrido y, si tiene algún problema, este agradable intermedio podría ayudarle a olvidarlo durante un rato.

Cuando suba o baje salude con cortesía y cordialidad. Recuerde que el taxista es una persona que está trabajando y presta un servicio útil a muchas personas como usted. Un comportamiento amable y natural siempre impresiona favorablemente a las personas a las que se dirige y suscita una reacción similar.

No olvide

el deporte

Y creo que habremos dicho todo lo necesario sobre la figura mitológica del atleta cuando recordemos que no existe mejor elogio que llamarlo «valeroso».
(Giorgio Manganelli)

Como recuerda el sabio refrán latino «mens sana in corpore sano», el deporte debe considerarse una necesidad para todo el mundo. En efecto, los desplazamientos en automóvil y las largas horas pasadas ante una mesa de despacho o delante de la televisión pueden atrofiar los músculos y causar rigidez en las articulaciones. Consciente de ello, la medicina moderna presta mucha atención a la actividad física, que permite cumplir años manteniendo un buen rendimiento óseo y muscular. Así, desde el parvulario se educa a los niños para que tengan una adecuada relación con las actividades deportivas y con su componente emocional, hecho de competitividad, lealtad y corrección.

Aunque se practique a nivel de aficionado, el deporte requiere una buena dosis de autodisciplina y constancia, cualidades importantes en la formación del carácter. Por otra parte, el atleta es por antonomasia el hombre fuerte y valiente, pero también leal y generoso. El que debería aprender de la competición a ganar o perder manteniendo el distanciamiento de los dioses.

Natación

Según los conocimientos actuales, la vida sobre la faz de la Tierra tuvo su origen en el agua. Así pues, no es de extrañar que este elemento ejerza una fascinación especial en el ser humano. Salvo casos particulares en los que el simple pensamiento de zambullirse entre las olas del mar o en una piscina desencadena verdaderas crisis de pánico, en general el ser humano se encuentra casi tan a gusto en el agua como en tierra firme. La natación es un deporte completo que beneficia tanto al sistema óseo como a la musculatura, hasta el punto de que en algunas enfermedades o trastornos se prescribe como coadyuvante de los tratamientos médicos.

Como es natural, la natación en sí no plantea problemas particulares de comportamiento, que sí pueden surgir en el ambiente donde se practica este deporte.

Piscina No es ninguna tragedia no tener el mar en la puerta de casa, ya que la piscina le permitirá nadar de todos modos. Es más, en algunas situaciones es incluso preferible a las olas del reino de Neptuno. Son cada vez más numerosas las personas que disfrutan de estas instalaciones, tanto por razones de auténtica competición como por diversión o por motivos de salud.

La piscina es un lugar donde no se puede prescindir de la higiene. En cualquier piscina el reglamento prescribe el uso de unas chancletas especiales y un gorro de baño, así como la ducha antes de entrar en el agua.

El vestuario suele ser común, así que las reglas a las que atenerse se basarán en el respeto de la sensibilidad y las necesidades ajenas. Por ello, no pase bajo la ducha más tiempo del necesario, no deje sus objetos personales esparcidos por todas partes, no se pase el rato delante de los espejos como si estuviese en un instituto de belleza, no lleve radio y no se ponga a cantar.

Los baños y servicios deben utilizarse ateniéndose a la máxima limpieza, así que atención a los pelos y restos de espuma en la ducha, así como a no tirar nada en el inodoro.

El bañador debería ser de una sola pieza y adecuado para la natación. El borde de la piscina no es la playa, donde, además del placer de bañarse, puede desfogar su instinto exhibicionista. Los minibañadores serán inadecuados para las circunstancias, no por una cuestión de mojigatería sino de funcionalidad. Como es natural, resulta distinta la situación de las piscinas en los lugares de veraneo, ya que para tomar el sol muchas veces se prefiere disfrutar de la piscina del hotel que de la playa.

Cuando esté en la piscina compórtese según su habilidad de nadador, pero si es campeón de estilo libre evite chocar con quienes le rodean, sobre todo si son menos hábiles. Recuerde que en casi todas las piscinas están prohibidas las aletas, pelotas y otros accesorios, así que aténgase al reglamento. Y si la piscina está llena de gente, respete el sentido de la marcha sin oponerse al flujo de la mayoría; no pretenda zambullirse a toda costa, arriesgándose a colisiones; espere a que salga alguien o a un horario en el que haya menos gente.

Playa En la playa tenemos que convivir con una variada humanidad que comprende todas las franjas de edad y de extracción social. ¡Nada mejor para poner a prueba la buena educación! De todos modos, todo el mundo conoce las reglas que deben adoptarse en este lugar, basadas, como en cualquier otra situación, en la norma de no perjudicar ni molestar a los demás. Así pues, el desnudo, para empezar, depende de las características de la playa y... del cuerpo que se quiera exhibir.

Si no está familiarizado con los vecinos de sombrilla, salude al llegar y al marcharse de la playa. Evite las radios a todo volumen; si no quiere renunciar a su música preferida, utilice los auriculares. Y recuerde que una playa sucia, donde uno se ve obligado a pisar colillas, papelotes y residuos diversos, denota a unos usuarios muy poco elegantes.

En la arena se camina, no se avanza como si se esquiase. Así evitará las imprecaciones de las demás personas. Tampoco pretenda jugar a la pelota en mitad de un grupo de sombrillas; desplácese a donde haya espacio y no moleste a las personas que son más sedentarias que usted.

Una vez en el mar, si no tiene problemas para nadar y flotar, recuerde que no todo el mundo es como usted, así que evite estúpidas bromas en el agua con quienes no saben nadar y podrían asustarse.

Al final, quien posee cierto estilo no tendrá dificultad para mantenerlo, incluso en un lugar de apariencia tan informal como una playa.

Deportes de invierno

La semana blanca ha entrado ya de pleno derecho en el calendario de muchas personas y familias, del mismo modo que pasar el fin de semana sobre la blancura de cimas nevadas habita los sueños de esquiadores más o menos expertos. En los últimos años ha surgido incluso una auténtica categoría de adictos a la nieve que se desplazan de las ciudades *a la montaña y viceversa. Este pueblo blanco llena con su alegre colorido pistas y campos, soportando pacientes colas en espera de remontes y telesillas. Tanto si es amante del descenso libre como del esquí de fondo, recuerde que estos deportes requieren orden y disciplina. En primer lugar porque las pistas demasiado llenas pueden crear situaciones peligrosas; en segundo lugar, porque la presencia de muchas personas puede transformarse en caos, con la consiguiente pérdida de tiempo y diversión.*

En las pistas ceda el paso y, sobre todo si no es un esquiador experto, no se coloque en el centro de una pendiente llena de bólidos difíciles de frenar. Si es campeón de eslalon, no se lance como pirata al abordaje, agitando las raquetas para saludar a los amigos y llamar la atención.

La educación enseña a no llegar demasiado deprisa a la entrada del remonte y a no pisar los esquís de quien está delante de usted. Recuerde que esquía para divertirse, así que, aunque tropiece con algún maleducado, no se irrite demasiado. La tolerancia salva de muchas situaciones incómodas y... de muchos enfados. Como es natural, debe respetarse el turno en la cola.

Si le gusta usar monoesquís, surfs de nieve, bobs o trineos, deberá utilizar las pistas adecuadas y reservadas a estos medios. No se lance a itinerarios de aventura que podrían reservarle sorpresas poco agradables sólo para demostrar su habilidad.

Y a propósito de la competición entre quien utiliza los esquís tradicionales y quien practica con nuevos instrumentos, que se está volviendo cada vez más encarnizada, no se deje llevar por la acritud. Tanto si forma parte de los conservadores como de los innovadores, trate a quien está en el campo contrario con tolerancia y respeto: a ambos les gusta lo mismo y están allí para divertirse.

Si decide pasar unas horas en la pista de patinaje, recuerde que no todo el mundo está familiarizado con los patines. No choque con pérfido sadismo con los amigos que se hallan en visible peligro ni les tire los guantes o el gorro por el simple gusto de reírse al observar sus torpes intentos de recuperarlos. Mantener el equilibrio sobre los patines no resulta nada fácil; demuestre también en este caso elegancia y comprensión. Una situación que para usted es graciosa para otro puede ser fuente de una gran incomodidad.

Esquiar y patinar son deportes que requieren una buena dosis de equilibrio. No hay nada más fácil que incurrir en situaciones «ridículas». No cabe duda de que una «plancha» en la pista de hielo o una pirueta con caída de cabeza en la nieve incluida suscitan la hilaridad general. Si le ocurre uno de estos embarazosos accidentes no haga un drama si no ha sufrido traumatismos. ¡Una carcajada junto a los demás es una actitud que siempre queda bien!

Un poco de ocio

Arte es magia liberada de la mentira de ser verdad.
(Theodor W. Adorno)

¡Por fin relax y ocio con toda tranquilidad! Puede disfrutar de un interesante espectáculo, leer un buen libro o deleitarse con la exposición de su pintor preferido. Como es natural, el libro será el amigo más discreto y menos complicado, ya que podrá gozar de él en la calma de su casa sin tener que molestarse con preparativos particulares. En cambio, acudir a una representación requerirá al menos un mínimo de atención, tanto en lo que respecta a la indumentaria como en cuanto al tipo de personas con las que salga. Puede ir a ciertos espectáculos con algunos amigos y no con otros, y viceversa. Del mismo modo, la velada resultará más o menos informal en función de que salga con su mejor amigo o con simples conocidos.

Cine

El cine ha perdido, al menos en parte, la importancia y el atractivo de que disfrutaba antes de la aparición de la televisión. La tecnología ha hecho luego el resto al permitir a todo el mundo ver películas de reciente estreno incluso cómodamente sentados en el salón de casa.

De todos modos, para los menos perezosos y para los amantes de la compañía, la gran pantalla no ha perdido su aliciente. Una película, complicada o sólo divertida, se presta a opiniones y comentarios distintos que pueden animar el fin de la velada, por ejemplo en torno a la mesa de una pizzería. Otra ventaja es que la sala cinematográfica no obliga a una indumentaria particular, a menos que tenga previsto proseguir la velada en un restaurante elegante o en un local nocturno.

Si llega cuando ya ha empezado el espectáculo, haga lo posible para no molestar a quienes están dentro de la sala. Si no está presente un acomodador con su valiosa linterna, es inútil buscar una butaca a tientas durante una secuencia muy oscura, tal vez rodada de noche. Espere a una escena más luminosa que al menos le permita distinguir las butacas libres sin causar contusiones a nadie. No obligue a levantarse a una fila de diez personas para darse cuenta luego de que la butaca no le gusta. Del mismo modo, si su compañía es numerosa y ha encontrado butacas situadas una junto a otra, no trate de intercambiar comentarios de una punta a otra de la fila como si fuese el juego del teléfono. Tampoco se aventure a efectuar en voz alta previsiones sobre el final de una película, sobre todo si se trata de un thriller, sólo porque quiere demostrar sus dotes de detective.

Procure abstenerse de comer durante la proyección, pero si quiere picar algo, no lo haga como si en su butaca hubiese una familia entera de roedores. Es recomendable no tomar helados, pero si opta por uno, evite dejar la mitad en la chaqueta del vecino, y no sorba de forma ruidosa el líquido de una lata de refresco.

Las salas cinematográficas suelen estar preparadas para permitir que todas las filas de butacas vean fácilmente la pantalla. Sin embargo, en caso de problemas de «visibilidad» no cambie continuamente de posición obligando a quien está detrás de usted a salir con las cervicales bloqueadas.

Hace años las salas cinematográficas se transformaban en auténticos fumaderos de los que se salía literalmente ahumado; no hace falta decir que, afortunadamente, hoy en día esta pésima costumbre está prohibida.

Y una vez acabada la película, no haga comentarios a todos los asistentes, ensalzando o denigrando lo que ha visto. Sea más elegante y reserve sus emociones para el restringido grupo de sus amistades.

Conciertos y representaciones teatrales

Respecto a la velada transcurrida en el cine, la que se dedica al teatro o a un concierto es algo más complicada, aunque menos de lo que era hasta hace pocos años.

El teatro o una sala de conciertos requieren una vestimenta y un comportamiento mucho más formales que la sala cinematográfica. Como es natural, la indumentaria deberá ser adecuada para la importancia del evento. Para las mujeres, vestido elegante y eventualmente largo, acompañado de joyas de cierta importancia, para un estreno; menos formal, pero elegante de todos modos, para una velada normal. En ambos casos los hombres llevarán traje oscuro. El tono será más informal si asiste al espectáculo por la tarde.

En invierno, los sombreros, abrigos, pieles, paraguas, etc. se depositarán en el guardarropa, de donde se retirarán al final del espectáculo.

A PROPÓSITO DE APLAUSOS

• Aplauda siempre sin guantes y con un gesto discreto, golpeando con los dedos de una mano la palma de la otra.

• Para el ballet sólo se admiten los aplausos con la escena abierta al final de la ejecución de un solo o de actuaciones muy especiales (secuencias de piruetas de las bailarinas, saltos y virtuosismos de los bailarines). En los demás casos se espera al final del tempo.

• En el teatro, se aplaude a veces al cierre de cada acto, y siempre al final del espectáculo, subrayando con más vigor el saludo a los actores.

• En un concierto, aplausos cuando entran el director de orquesta y el solista. Aplausos también al final de cada pieza, ¡pero no de cada movimiento! Aplausos asimismo para solicitar un bis.

Para una velada de este tipo las butacas suelen reservarse con antelación, por lo que sólo tendrá que presentar las entradas al acomodador, que le acompañará a su asiento y le entregará el programa.

Dado el diferente tipo de espectáculo y ambiente respecto al cine, en el teatro nunca se picotea ni se beben latas de refresco, cosa absolutamente prohibida tanto en platea como en el anfiteatro. Como máximo puede tomar un discreto caramelo, que en cualquier caso no deberá desenvolverse. Si no quiere chuparlo con el papel (¡aunque duraría más!), llévese un paquete de esos caramelos con un único envoltorio externo.

Una vez iniciado el espectáculo o concierto no se puede entrar en la sala. Cualquiera que sea el motivo por el que llega tarde, según el teatro en el que se encuentre es inútil que insista ante el acomodador para que le acompañe a su butaca. La máxima concesión que podría hacer es dejarle de pie a la entrada de la sala. Se trata de una muestra de respeto hacia otros espectadores y, sobre todo, se evita así perturbar la actuación de los actores o músicos. Y a propósito de molestias, a ser posible no reserve asiento en el teatro si está en plena fase gripal. Es evidente que no es culpa suya, pero estornudos, accesos de tos y similares son muy fastidiosos y dificultan mucho la concentración.

Si tiene comentarios que hacer espere al descanso, cuando podrá acudir al bar o al hall. De todos modos, no se exceda ni al ensalzar ni al criticar, a menos que sea un verdadero entendido; en caso contrario podrían acusarle cuando menos de superficialidad. Siempre podrá empezar diciendo que su crítica se basa en una opinión muy personal y que, a su gusto, ha encontrado alguna pega en la escenografía, la ambientación o la interpretación.

Un momento muy delicado es el de los aplausos. En el teatro no hay nada más embarazoso que lanzarse a un aplauso y... darse cuenta de haber sido el único en hacerlo. Si no sabe cómo comportarse, observe a los demás y haga como ellos.

Lecturas

Puede parecer retórico pero, para los amantes de la lectura, el libro es un amigo muy valioso, y como a tal se le debería tratar. ¿Quién le salva de largas esperas en la consulta del dentista? ¿Y quién de noches insomnes que de otro modo pasaría elucubrando sobre los problemas del día siguiente? ¿Y quién le hace compañía cuando todos los demás parecen muy ocupados? Siempre él, ¡el libro! Hoy más que nunca los hay para todos los gustos y bolsillos, por lo que resultan sorprendentes las estadísticas que recuerdan lo exiguo que es el número de lectores.

Y no piense que, como objeto, el libro le exime de cualquier esfuerzo hacia él. ¡Es un error! Resulta lógico y natural que no todo el mundo tenga la misma relación con los libros, pero tampoco debe darse por descontado que no hay normas de comportamiento para el lector.

Para empezar, si en su casa hay niños o adolescentes evite dejar a la vista libros ilustrados y revistas inadecuados para su edad.

Dedique a los libros un espacio de la casa preparado para acogerlos de forma ordenada. A ser posible, si posee bastantes, cree un pequeño archivo donde indicar autores, títulos y también algunos comentarios sobre el contenido. Con este fin existen hoy en día sencillos programas de bases de datos para instalar en el ordenador.

No trate los libros de forma descuidada dejándolos por ahí, arrugando cubiertas, doblando las páginas para acordarse de hasta dónde ha llegado, etc. Todas estas actitudes dan de usted una imagen de dejadez y desorden.

Está prohibido estropear, garabatear o perder libros que ha recibido en préstamo de amigos o de una biblioteca pública. En caso de accidente involuntario, tendrá que comprar el libro estropeado o perdido. La mejor forma de preservar un libro mientras lo está leyendo es recubrirlo con una cubierta. Mientras tanto, para acordarse de la página por la que debe proseguir la lectura, nada mejor que un simpático punto de lectura. Un punto de lectura original, por ejemplo de plata, es también una buena idea para regalar a un amigo.

En caso de préstamo por parte de la biblioteca pública, acuérdese de apuntar la fecha en la que deberá devolver el volumen o pedir una prórroga si hace falta. Si es usted quien presta el libro, apúntese el título, la fecha y el nombre de la persona a la que se lo da. Así, cuando pase el tiempo no tendrá que devanarse los sesos intentando recordar qué ha sido de él.

Muestras y exposiciones

Si es un amante del arte figurativo, los objetos preciosos, la arqueología y todo lo que puede exponerse en muestras o museos, cada día hallará interesantes ocasiones que le harán feliz. Los bienes culturales son más que nunca objeto de atención por parte de las autoridades y los ciudadanos, con un número creciente de exposiciones itinerantes que permiten un intercambio cultural entre países. Así pues, sólo tiene que elegir.

Para pasar agradables tardes culturales escoja, a ser posible, compañías con las que comparta su pasión, ya que no disfrutará de la ocasión si tiene que tirar de personas aburridas. Si le acompaña un guía, incluso en caso de que usted sea muy competente en esa materia concreta, no se muestre petulante interrumpiendo su descripción con continuas precisiones.

En caso de que acuda a una exposición para acompañar a alguien o porque ha tenido una particular resonancia mediática, aunque no se sienta entusiasmado muéstrese interesado. Pida con discreción detalles *más amplios y escuche las opiniones de los entendidos. En cualquier caso volverá a casa enriquecido, aunque sólo sea a nivel de nociones. Y también podría descubrir que lo que le parecía un simple objeto de otros tiempos o una tela en apariencia incomprensible encierra un mensaje propio.*

Las galerías de arte, las salas donde se montan las exposiciones o las de los museos requieren un comportamiento acorde con la ocasión. No toque telas u objetos, no comente en voz alta ni grite como si se hallase en el mercado.

Ante el objeto «especial» en torno al cual gravita la exposición, no se detenga entrando en éxtasis y obligando a los demás a contemplar su espalda. Observe y admire, pero luego échese a un lado; siempre podrá volver a pasar luego.

Recuerde que en los centros de arte están prohibidas las cámaras fotográficas y los correspondientes flashes por motivos evidentes, así que no caiga en la tentación de usarlos. Además de molestar a los demás sería desagradable ganarse una amonestación del guardián.

En definitiva: si ama el arte, en cualquier circunstancia será natural para usted comportarse de forma correcta. En caso contrario, no participe en este tipo de manifestaciones o adáptese de buena gana, respetando tanto a los demás como los productos de la creatividad humana que está admirando.

Las ocasiones para recordar

Yo en cambio aquí he llegado a la conclusión de que hay que celebrar todas las fiestas y solemnidades como todos los demás, porque esos son los únicos momentos agradables en mitad de un trabajo monótono, y sólo en esos momentos nos damos cuenta de que vivimos.
(Rosa Luxemburg)

Las celebraciones son ocasiones para crear un «buen recuerdo». A lo largo de la vida podrán hacernos sonreír de nuevo al devolvernos al ambiente de aquellos días.

La celebración en sí sólo es una fecha en el calendario. A usted le corresponde atribuirle una carga emotiva que la convierta en algo especial. Eso dependerá de su personalidad. Hay personas que no recuerdan siquiera su cumpleaños, como hay otras por el contrario que telefonean para preguntar en tono radiante: «¿Te acuerdas de que hace veintidós años a la abuela se le cayó el sombrero?». Respetando siempre el principio de que cada cual se manifiesta como es y debe ser libre de hacerlo, puede ser agradable destacar algunas ocasiones particulares. Así pues, si pertenece a las filas de quienes podrían vivir sin calendario, esfuércese por honrar algunas fechas por el simple placer de hacer felices a parientes o amigos. No debería costarle demasiado esfuerzo y de todos modos será recompensado por el afecto y la cordialidad de quien se sienta objeto de su atención.

Bautizo

El bautizo, entendido como entrada oficial en la comunidad, puede considerarse una especie de iniciación, y cada comunidad lo celebrará de acuerdo con sus tradiciones culturales. La comunidad católica prescribe un rito determinado que, como es natural, es distinto para otros credos.

Al bautizo se invita a los familiares, a los padrinos y, si se desea, a los amigos más íntimos. Los conocidos podrán felicitar en otras circunstancias. La hora del bautizo será establecida por el oficiante del rito, por lo general el final de la mañana o el principio de la tarde. En el primer caso puede seguir un desayuno; en el segundo, un té o, más tarde, un cóctel.

Corresponde a la madrina coger en brazos al bebé, y el padrino se sitúa a su lado.

PADRINOS, Y NO SÓLO POR UN DÍA

Los padrinos tienen una función importante en el ritual del bautismo y deberían representar un apoyo para los padres en la educación del niño o, en caso de necesidad, incluso sustituirles. Los papeles de padrino y madrina correspondían antes de forma casi automática a los abuelos y a los tíos, con las consiguientes acrobacias diplomáticas para evitar celos y protestas. Hoy en día, teniendo en cuenta su función prolongada en el tiempo, se prefiere escogerlos entre los amigos íntimos.

Los padrinos están obligados a hacerle un regalo a su ahijado, por lo general eligiendo algo simbólico que recuerde ese día. Puede ser una cadena de oro con su medalla en la que se graba la fecha, un imperdible de oro para el babero o también el vasito y los cubiertos de plata. Pero también hay quien prefiere optar por lo práctico y abrir una cartilla de ahorro a nombre del bautizado. En este caso deberá acordarse de hacer un ingreso en las diversas celebraciones.

Como en el caso de la boda, también para un bautizo se suele obsequiar con unas peladillas, blancas y rosas o azules, envueltas en bolsitas de tul con alguna decoración adecuada. Si se desea, se puede regalar a los amigos más íntimos un recuerdo de mayor entidad.

Se vestirá al recién nacido de forma adecuada para la estación, buscando más la funcionalidad que el rebuscamiento. A ser posible nada de faldones excesivamente recargados con encajes y puntillas como se llevaban antes.

Para los invitados, la elección de la indumentaria dependerá del buen gusto personal, así que nada de excesos de elegancia ni de informalidad.

Petición de mano

¿Aún se puede hablar de noviazgo oficial? Sentimos la tentación de responder negativamente, sobre todo si se tiene en cuenta la gran transformación, acaecida a lo largo de las últimas generaciones, en las relaciones personales. Hace años eran los padres de la novia los que «entregaban» la prometida al futuro esposo, y el acontecimiento, dirigido por completo por las dos familias, se celebraba de forma adecuada. Si retrocedemos todavía más en el tiempo, los dos futuros esposos eran prometidos desde la infancia y a veces ni siquiera tenían ocasión de conocerse hasta el día de la boda.

En tiempos en que se habla más de convivencia que de matrimonio, dar un tono formal al noviazgo suena un tanto anacrónico. No obstante, no sería justo generalizar, ya que aún son muchos quienes consideran el noviazgo «oficial» una fundamental etapa intermedia antes del «sí».

Si ha encontrado a la persona adecuada con la que compartir alegrías y penas, comenzará a hacer proyectos para el futuro y, desde ese momento, ambos se considerarán prometidos, es decir, vinculados por un mutuo compromiso.

Según la tradición, el chico era recibido por los padres de la chica, a los que presentaba oficialmente su petición. Después se entablaba una conversación privada entre el padre de ella y el pretendiente, obligado a especificar sus posibilidades económicas de hacer frente a la futura familia.

Hoy en día la presentación formal ha caído bastante en desuso y además suele ser inútil, ya que los amigos de los hijos frecuentan con mayor desenvoltura que antes a las respectivas familias. Así, será más fácil que un buen día la hija diga a los padres que se ha prometido con Fulanito o Menganito, exhibiendo en el anular el anillo que él le ha regalado. Suponiendo que el novio sea apreciado también por mamá y papá, desde ese momento la cosa resulta oficial, así como las sucesivas visitas del futuro yerno. Corresponderá luego a la chica acudir a casa de los padres de él, donde será presentada formalmente a los padres del chico, siempre que no hayan tenido ya ocasión de conocerse. No hace falta prescribir unos comportamientos determinados, ya que la educación y el sentido común ayudarán a superar de forma brillante estas ocasiones. Sería una tontería querer mostrarse inconformista a toda costa sabiendo por ejemplo que el otro miembro de la pareja pertenece a una familia más bien tradicionalista. Elegancia significa también saberse adaptar a las circunstancias sin herir inútilmente la susceptibilidad ajena.

En este momento, si aún no se conocen, se pasa a la segunda fase, en la que se reúnen los respectivos padres. Será entonces la madre de ella quien tele-

fonee a los futuros consuegros y los invite a comer, a cenar, a tomar café o al té. No hace falta decir que este encuentro, que sería preferible que se produjera en casa y no en un restaurante, deberá basarse en la máxima cordialidad, tratando de evitar temas espinosos o inútiles puntualizaciones. Entre consuegros no tiene por qué surgir simpatía; si sucede, mejor, pero en caso contrario no haga un drama inútil. Son los hijos los que se casan, y no los padres y las madres, así que si ustedes son padres supercríticos tengan muy en cuenta que son las relaciones de sus hijos las que deben protegerse, no las suyas. No es necesario adoptar actitudes frías y distantes; más vale limitar con sensatez los encuentros pero mantener siempre buenas relaciones.

Primera comunión y confirmación

La primera comunión y la confirmación representan dos importantes etapas en la vida de quienes pertenecen a la religión católica. Ambas ceremonias se celebran cuando el niño ha cumplido al menos ocho años, y por lo tanto es capaz de entender, al menos de forma superficial, la importancia simbólica de las mismas. En este caso, la principal obligación de los padres será preparar al hijo para un adecuado enfoque del acontecimiento.

Prescindiendo de consideraciones de carácter religioso, que pertenecen al ámbito estrictamente personal, estos días se subrayarán con una fiesta en honor de los pequeños protagonistas.

¿Cómo vestirlos? Hasta hace poco esta pregunta representaba un verdadero problema tanto para quien podía permitirse gastar como para quien debía contar con posibilidades limitadas. Los primeros, por la preocupación de exhibir el traje más bonito; los segundos, para evitar que sus hijos se sintiesen inferiores por la comparación. Por fortuna, hoy en día se ha resuelto la cuestión basando la indumentaria de los participantes en la máxima sencillez posible. En algunos casos se prescribe incluso un traje igual para todos.

Para la confirmación está prevista la presencia de una madrina para las niñas y de un padrino para los niños. Dada la edad de los niños, se les podrá regalar un reloj de pulsera, una pluma estilográfica, una cámara fotográfica o una cadena de oro con medalla en la que se grabará la fecha.

Para recordar la celebración se pueden imprimir unas imágenes sacras que se regalarán a los parientes, amigos y maestros.

Acabada la ceremonia, se puede optar por un desayuno, comida o merienda con los parientes o bien organizar un picoteo al que se invitará también a los amigos y a otros niños si se desea.

El

«gran día»

de la boda

Un buen matrimonio es aquel en el que cada uno de los dos nombra al otro custodio de su soledad.
(Rainer Maria Rilke)

La organización de la boda pondrá a prueba su capacidad de resistencia, sobre todo si es usted la futura novia, hasta el punto de que en algunos momentos llegará a plantearse la dramática pregunta: «¿Por qué se me habrá ocurrido?». Eso sí, como es natural, usted aceptará con estoicismo cualquier vicisitud al pensar que está coronando su sueño de amor.

Cada boda tiene unas características propias que dependen de la personalidad que quieran proporcionarle los novios y sus respectivas familias. Así, puede ser pomposa, sencilla, rústica, refinada, etc. En cualquier caso, deberá programarse con mucha antelación, teniendo en cuenta los trámites burocráticos y esos imprevistos que nunca faltan. A propósito de burocracia, tenga en cuenta que el tiempo mínimo para poder organizar la boda, con todo lo que suele considerarse necesario, son tres meses. La elegancia de una boda dependerá en gran medida del ambiente que sepa crear, y a su vez este dependerá más de actitudes interiores que de la coreografía. Así pues, no se preocupe si no dispone de grandes cifras, ya que bastará una buena armonía entre los invitados y su serenidad.

Recuerde que la serenidad, más que la misma alegría, constituye una predisposición interior que posee la capacidad de ejercer una influencia positiva en las personas que le rodean.

En cualquier caso, la boda es una ceremonia importante y, salvo casos particulares, requiere diversos preparativos que conviene programar con cierto orden para no dejarse abrumar por la ansiedad. También es la clásica situación en que será fácil verse sometido al examen crítico de los demás. ¡No hay que asustarse! Piense sólo que es su día y que nada exterior a usted tendrá el poder de estropearlo, a menos que sea usted mismo quien lo permita.

Indumentaria

Al ver a un grupo de participantes en una boda observará ense-guida, además de las actitudes de «aire de fiesta», la particular atención que cada cual ha dedicado a la indumentaria. Todos, a su modo, habrán escogido con cuidado el traje especial para la ocasión. ¡Sólo en una boda se ve todavía semejante despliegue de sombreros y pamelas! Sin embargo, tenga cuidado, ya que es sobre todo en estas ocasiones cuando se corre el riesgo de excederse y acabar cayendo en el ridículo. La elegancia es siempre discreta, y más que notarla se percibe.

Ella Para una ceremonia en la iglesia, la indumentaria clásica de la novia es el vestido blanco, más o menos largo según el tono que se quiera dar al acontecimiento. Puede con-feccionarse a medida, y en tal caso habrá que acudir con tiempo a la sastrería, o bien se puede comprar en una tienda especiali-zada. En cualquier caso, nada impide ele-gir una prenda menos vinculada a la tra-dición. Aunque le guste ser original no olvide nunca la elegancia y el buen gusto. Y si se ha enamorado de un vestido determinado pero no le queda bien, no insista; pruébese otros hasta en-contrar el que mejor resalte su figura.

Recuerde que la novia no lleva bolso ni abrigo, ni siquie-ra con temperaturas polares, así que actúe en consecuen-cia. Sin embargo, el traje de novia tampoco debe ser de-masiado escotado ni dejar brazos y hombros al descubierto. Si la ceremonia se celebra en verano, compre una chaqueta ligera a juego con el vestido para llevar den-tro de la iglesia y quitarse al salir.

La novia no lleva joyas, ni siquiera el anillo de compro-miso, y deberá llevar un maquillaje ligero y un peinado sen-cillo y acorde con el estilo del vestido. Y atención a los som-breros, que no a todo el mundo le quedan bien.

En caso de optar por el simple rito civil, también el ves-tido deberá ser adecuado para una ceremonia más sobria. Sin embargo, podrá permitirse accesorios siempre que no desentonen.

ALGUNAS CURIOSIDADES SOBRE EL TRAJE DE NOVIA

La tradición del vestido blanco se remonta al s. XIX, aunque ya en la antigua Grecia las novias vestían túnicas blancas. En cambio, las novias romanas iban envueltas en velos amarillos y anaranjados. Las chinas vestían de rojo. Y el rojo es aún hoy el color de las novias en la India. Entre los longobardos la túnica era negra, mientras que las ricas muchachas bizantinas llevaban suntuosas ropas de seda roja con bordados en oro y piedras preciosas.

En la Edad Media y el Renacimiento los trajes nupciales eran de vivos colores. Los sastres venecianos crearon para este día una tela con hilos multicolores, con predominio del rojo, enriqueciendo el vestido con volantes de encaje y galones en oro.

A principios del s. XX los bordados y puntillas de plata eran elementos irrenunciables del traje nupcial de las muchachas nobles.

Las demás

Las dos madres y las demás señoras visten de forma elegante, sin recurrir al vestido largo ni a ridículas exageraciones. Nada de vestidos blancos o negros, ni minifaldas o escotes vertiginosos poco adecuados para la ocasión.

El sombrero es siempre un accesorio elegante, pero debe resultar acorde con la personalidad de quien lo lleva. No tiene sentido querer llevar un sombrero si le hace sentir ridícula; más vale un peinado bien cuidado.

Él y los demás

Si la ceremonia tiene un tono importante, con cortejo y novia vestida con largo velo o cola, el novio puede llevar tight, nunca esmoquin. En este caso la misma indumentaria está prevista, si no para todos los hombres, como mínimo para los dos padres y los testigos. Para una boda menos formal el novio viste en cambio un traje clásico gris hierro o marengo.

Lo ideal como indumentaria masculina es: traje gris marengo, camisa blanca, corbata sobria, zapatos negros elegantes y quizá una gardenia en el ojal. A ser posible, evite los trajes con chaqueta y pantalones distintos entre sí; como máximo es aceptable el azul marino, aunque no se recomienda.

Obsequios

Existe la costumbre de regalar a todos los asistentes un pequeño obsequio en recuerdo de la celebración de la boda.

Aunque por tradición el recuerdo debería regalarse a todos los que le han hecho un regalo, no hay que llevar a cabo antipáticas distinciones preparando dos tipos de recuerdo diferentes según el regalo recibido, uno de serie A y otro de serie B. ¡El regalo nunca debe sopesarse! A veces, incluso una pequeña cosa puede significar un gasto importante para quien la ha comprado, del mismo modo que un regalo de gran valor puede representar sólo una forma vacía de contenido afectivo.

En cualquier caso, recuerde que este obsequio no sustituye a la nota de agradecimiento, que deberá enviarse a todo el mundo.

En cuanto a la elección del recuerdo, existen muchas posibilidades. En las ciudades abundan tiendas especializadas, pequeñas empresas y talleres artesanos donde podrá ser aconsejado por personas expertas. Si tiene mucha imaginación proponga usted mismo la realización de soluciones originales y personalizadas. No obstante, evite excederse, sobre todo en ostentación. Si opta por un recuerdo tradicional, se tratará de un objeto que pueda utilizarse como adorno del hogar. Por ello, aténgase a un diseño clásico y de buen gusto que se adapte a cualquier tipo de decoración: el día de mañana le complacerá verlo en el salón de sus amigos. Los dulces (bombones, peladillas...) envueltos en bolsitas de tul, adornados con pequeñas flores, están sustituyendo en muchos lugares al clásico recuerdo de mayor entidad.

La entrega de los recuerdos suele distribuirse durante el banquete de bodas. Como gesto vinculado a la tradición, puede seguir las costumbres locales.

Una novedad es la sugerida por las asociaciones no lucrativas, que proponen desviar el gasto para los recuerdos, a veces importante, hacia obras humanitarias. En este caso su elección deberá comunicarse entregando a los invitados un pergamino en el que especifique el proyecto.

Ceremonia

La preparación de la ceremonia dependerá del contexto en el que se celebre. Podrá elegir la romántica iglesia de montaña, la iglesia de su barrio o la imponente catedral, y es evidente que los preparativos y la coreografía serán distintos. También podría optar por la simple boda civil, que se celebrará en el ayuntamiento o en el juzgado y, por lo tanto, será mucho más sobria.

Desde un punto de vista jurídico, contraer matrimonio en una iglesia o en un ayuntamiento no conlleva ninguna diferencia inmediata sustancial, puesto que en ambos casos el acto será inscrito en el Registro Civil. En cualquier caso, la diferencia podrá observarse en el desafortunado caso de divorcio, porque la Iglesia católica tutela la indisolubilidad del matrimonio.

Una vez elegido el lugar donde será celebrada la boda, deberá esforzarse por hacerlo lo más acogedor y festivo posible, tanto para usted como para sus invitados.

LA ALIANZA, HILO DIRECTO CON EL CORAZÓN

«El anillo nupcial ha sido y sigue siendo prenda de la unión. Se lleva en el dedo que de él recibe el nombre de "anular" e incluso se le da una explicación, como hace en el siglo II Aulo Gelio con nociones aproximativas de medicina: "Cuando se abre el cuerpo humano como hacen los egipcios, y se realizan las disecciones, se halla un nervio muy delgado que parte del anular y llega al corazón. Se considera oportuno dar el honor de llevar el anillo a este dedo y no a los demás por la estrecha conexión y el seguro vínculo que lo une al órgano más importante del cuerpo humano".» (Sabatino Moscati, Vita di ieri e di oggi)

Ramo de novia La imagen de la novia está vinculada al tradicional ramo de flores. Será su «príncipe azul» quien se lo regale horas antes de la ceremonia, porque las flores deben ser muy frescas. La composición de este romántico accesorio será escogida por ella según el vestido que lleve.

Al final de la ceremonia es costumbre que la novia regale el ramo a la amiga más querida aún soltera, en señal de augurio para una próxima boda. Dice la tradición que esta debería celebrarse en el plazo de un año. En caso de que la novia tenga muchas amigas solteras, podrá resolver la cuestión lanzando con gracia el ramo hacia el grupo de aspirantes, dejando así que toque en suerte a la más rápida en cogerlo al vuelo.

Cortejo y asientos en la iglesia Cuando el reloj dé la hora prevista, la novia estará lista, así que la madre de ella y los diversos parientes podrán salir hacia la iglesia, así como el grupo encabezado por el novio. Al llegar a su destino se preocuparán de las últimas comprobaciones y de recibir a los invitados a medida que vayan llegando. Se en-

cargarán de acomodarlos dentro de la iglesia, a la izquierda los parientes y amigos de ella; al otro lado, los de él.

La novia deberá llegar con un instante de retraso, cuando todo el mundo esté ya dentro, novio incluido, en trepidante espera. Por fin hará su entrada del brazo izquierdo del padre, eventualmente seguida de los pajes y niños con las arras. En caso de ausencia del padre, por fallecimiento u otros motivos, será un tío o el hombre de la familia más cercano desde el punto de vista afectivo quien la acompañe al altar. La colocación ante el altar de izquierda a derecha es la siguiente: la madrina, la novia, el novio y el padrino (siempre mirando hacia el altar). Los familiares también se deberían colocar en su lado correspondiente (aunque es una práctica poco llevada a cabo). Se suele dejar este tipo de colocaciones para bodas muy formales.

Una vez concluido el rito se compondrá el cortejo para la salida. Siguiendo la tradición, serán los novios quienes lo abran, ella a la derecha y él a la izquierda.

A la salida, todas las tensiones desaparecerán y estallarán felicitaciones, besos, abrazos y saludos, además del arroz lanzado en señal de buenos auspicios. En efecto, la salida de la iglesia representa una especie de «fuegos artificiales» durante los cuales los novios sufren, por supuesto radiantes de felicidad, el alegre asalto de parientes y amigos.

Flores

En la iglesia, las flores serán las principales protagonistas de la decoración nupcial. Si están bien colocadas y escogidas con gusto, sus invitados quedarán admirados.

Acuda con tiempo a un florista experto en ramos para ceremonias y capaz de adecuar el adorno floral a la belleza arquitectónica del ambiente. Aunque puede confiar en su propia creatividad, nadie mejor que un profesional sabrá aconsejarle sobre la disposición de guirnaldas y centros y sobre la combinación de las flores de la estación.

Por lo general, los adornos florales se disponen encima del altar principal, sobre la balaustrada que separa a los oficiantes de los fieles y a lo largo de la nave que recorrerán los novios. De todos modos, será libre de escoger según sus gustos y su sensibilidad religiosa. Recuerde que los colores bien armonizados son una alegría para los ojos y también para el espíritu.

Tenga en cuenta que las iglesias pequeñas y más antiguas no deben ser invadidas por las flores, sino que bastan unas pocas dispuestas en los puntos más adecuados e iluminados. Por el contrario, la iglesia grande necesitará unos adornos a lo largo de la nave central, para evitar que las composiciones puedan parecer dispersas o aisladas, dando la impresión de un ambiente desnudo o desguarnecido. Los adornos de pequeñas dimensiones podrán llevarse luego al lugar donde se celebre la recepción o lo que se haya previsto para después de la ceremonia.

Póngase de acuerdo con el responsable de la parroquia si desea recuperar las flores. Lo más habitual es que se queden en la iglesia, y allí ya se encargarán de distribuirlas por los diversos altares; de lo contrario deberá proceder personalmente a retirarlas y dejar la iglesia limpia.

Música

La ceremonia no exige una banda sonora, pero un poco de música dará ese justo toque de romanticismo y solemnidad, que hasta provocarán escalofríos de emoción en algunos participantes. En la iglesia, la música puede ser escogida de forma arbitraria por el organista, que tocará preferentemente su repertorio habitual. Hoy en día muchos lugares de culto están equipados incluso con instalaciones estereofónicas con las que transmitir excelentes grabaciones, entre las que podrá elegir la que prefiera.

En el afortunado caso de que tenga un amigo músico, podrá pedirle a él que les acompañe. Sin embargo, si opta por esta solución asegúrese de que el amigo en cuestión es hábil de verdad y ya ha tocado en alguna ceremonia, sabiendo así cómo y cuándo intervenir. En caso contrario pídale que se ponga de acuerdo de antemano con el oficiante, a fin de evitar conmovedores solos de violín en el momento menos oportuno.

Otra posible elección consiste en acudir a una escuela de música para tomar contacto con uno o varios músicos y ponerse de acuerdo sobre un repertorio de su gusto, por supuesto pagando.

Si la iglesia le obliga, o le invita con firme amabilidad, a contratar a su organista, pónganse de acuerdo al menos sobre sus músicas preferidas con la esperanza de que entren en su repertorio.

La música saluda la entrada de la novia del brazo de su padre, o de quien le sustituye, y subraya los momentos más significativos de la ceremonia. La tradicional marcha nupcial se toca sólo después de que los novios contraigan matrimonio y acompaña su salida de la iglesia.

La música de la jornada no tiene por qué ser sólo sacra, ya que también podrá acompañar con alegría la recepción o el bufé. Sin embargo, escoja la música adecuada, tanto para las circunstancias como para el ambiente en el que se encuentran. Sus invitados no han venido para asistir a un concierto, sino que querrán charlar entre ellos y con usted, por lo que sí a la música, pero de fondo y, sobre todo, no complicada sino fácil de escuchar.

Rito civil El rito civil presenta algunas diferencias respecto al religioso, no tanto por la solemnidad del acontecimiento, que es idéntica en ambos casos, como por una serie de detalles prácticos.

Al ayuntamiento o al juzgado no podrá llegar con retraso, si no quiere hallarse ante un funcionario nervioso pensando en la cadena de retrasos que habrá iniciado usted.

Como es natural, puede prever el uso de adornos para la sala donde se celebrará la boda. En este caso deberá ponerse de acuerdo con el personal y, sobre todo, con el florista, que preparará algo funcional y fácil de poner y quitar al final de la ceremonia.

Un poco más complicado será el problema de la música, aunque muchos ayuntamientos, sobre todo en las grandes ciudades, poseen para estas circunstancias una instalación estereofónica con la que transmitir música grabada.

La ceremonia civil es mucho más breve que la religiosa, aunque conlleva su austeridad. La parte central consiste en la lectura, por parte del alcalde, de algunos artículos del Código Civil, después de lo cual viene la declaración formal, en presencia de dos testigos, de que los solicitantes se consideran desde ese momento marido y mujer a todos los efectos.

Para los demás elementos relativos al día de la boda no hay diferencias sustanciales respecto al rito religioso, salvo en la indumentaria, que por razones evidentes será más informal, lo cual no tiene por qué significar menos elegante. Nada impide a la novia vestirse de blanco, aunque es mejor que no vaya de largo ni lleve velo, que representa un accesorio típicamente religioso. Del mismo modo, no es necesario renunciar al automóvil con flores, llegando a la cita al ayuntamiento con el mismo pequeño grupo de parientes y amigos que habría acompañado a los novios a la iglesia.

Cada pareja es libre de escoger como mejor le parezca. La simbología de la boda no debe vincularse a unas creencias, sino más bien a un compromiso personal con uno mismo y con la persona con la que se pretende compartir el resto de la vida.

Lista de bodas

Con ocasión de una boda se puede enviar un regalo dejándose llevar por la intuición y el sentido común. Por supuesto, los recién casados pueden encontrarse con cuatro cafeteras y ni un solo juego de café. Otro sistema es informarse con amigos y parientes, pero también en este caso se incurrirá en inútiles duplicados, sin contar con que a la pregunta «¿qué le falta a Josefina?» el infortunado podría oír la respuesta «¡el televisor!». En cualquier caso, salvo parientes cercanos o amigos muy íntimos, se debe evitar el sobre con dinero, a no ser que los novios hayan indicado que prefieren el dinero a un regalo. En caso de no acudir a la boda, siempre se debe tener un detalle con los novios.

La mejor solución para evitar situaciones embarazosas por ambas partes es la más habitual hoy en día, es decir, la lista de bodas depositada en una tienda de artículos para el hogar o en grandes almacenes. Al prepararla tenga en cuenta que no todo el mundo tiene las mismas posibilidades, así que amplíe sus peticiones a una gama de artículos de diversa importancia. Si lo desea, podrá añadir cosas a medida que se vaya reduciendo la lista. Y también al escoger la calidad de la tienda evalúe el abanico de parientes y amigos y actúe en consecuencia.

El regalo es una forma afectuosa de participar en el nacimiento de su nueva familia. No lo convierta en una obligación o una causa de incomodidad.

Invitaciones

Para imprimir las invitaciones sin duda hallará la tipografía, la papelería o la firma especializada adecuada para usted. En cualquier caso, opte por la calidad y no se deje tentar por novedades extravagantes.

En general, si los novios son jóvenes serán los respectivos padres quienes efectúen el anuncio. En este caso, a la izquierda de la tarjeta, el padre y la madre de la novia «anuncian la boda de su hija María» con el novio, de quien aparece el nombre y el apellido. En el mismo lado pero debajo, con caracteres más pequeños, se imprimirá la dirección de la vivienda de la familia de ella. Al otro lado se repite el mismo texto de forma idéntica, pero serán los padres de él quienes anuncien la boda de su hijo; por supuesto, debajo se indicará la dirección de la familia de él. En el centro será indicada la fecha de la boda, la hora de la ceremonia y la localidad; más abajo, también en la parte central, se indicará la dirección en la que vivirán los recién casados.

Si los novios ya no son «jovencitos», por ejemplo dos treintañeros, anunciarán solos su boda; lo mismo si uno de los dos novios ha estado ya casado.

Como es natural, más vale encargar unas tarjetas de más que quedarse sin ellas y verse obligado a telefonear para terminar las invitaciones. Es aconsejable que los novios se sienten a una mesa y redacten juntos una lista con los nombres de las personas a las que enviar las invitaciones. Si

Lucía Jiménez

Lorenzo Castillo

anuncian su enlace matrimonial

San Sebastián, 16 de abril de 2005
Iglesia de los Capuchinos

Bilbao, Calle Magenta, 82

Vitoria, Calle Mercaderes, 4

San Sebastián, Calle de la Retama, 7

Luis Rufo
y Celia Martín

Carlos Sánchez
y Ana Pino

anuncian el enlace de sus hijos

Gloria Rufo

Miguel Sánchez

La ceremonia tendrá lugar en Barcelona
en la basílica de Santa María del Mar
el 10 de enero de 2005 a las 15 horas

Barcelona, calle Balmes, 10

Barcelona, calle Calabria, 82

Barcelona, calle Pelayo, 5

se ha dirigido a una agencia, esta última se encargará de escribir las direcciones en los sobres y enviarlos: será suficiente facilitarle la lista correcta y detallada de todos los destinatarios.

Si hay una celebración posterior a la ceremonia, el lugar del banquete y la hora pueden ir en una tarjeta aparte o en la misma invitación de boda, y entonces se suele requerir la confirmación de la asistencia: SRC («se ruega contestación»). Se puede adjuntar un pequeño plano indicando cómo llegar y la situación del sitio de celebración.

Desde el momento en que envíe las participaciones puede esperar lo peor... Como mínimo le abrumarán con llamadas de felicitación, para saber el nombre de la tienda donde está depositada la lista de bodas o para confirmar o rehusar la invitación, e incluso simplemente para satisfacer mil pequeñas curiosidades sobre su boda.

Banquete

Si sueña con una boda en la magnífica mansión familiar... pero no la posee, paciencia: hay otras muchas soluciones. Si la mansión *antigua estimula de verdad su fantasía, hoy en día tiene la posibilidad de alquilar una por un día. También puede buscar un restaurante típico con su glorieta o un gran restaurante especializado en grandes banquetes.*

Así pues, son muchas las posibilidades disponibles, por lo que en primer lugar debe tener las ideas claras y saber lo que quiere. ¿La suya es una boda elegante o informal? ¿Cuántos invitados tendrá? ¿Prefiere un cóctel, un bufé o un banquete tradicional? ¿Se casará en una estación que permite comer al aire libre?

Si no quiere un banquete sino que prefiere un bufé, donde cada cual se servirá solo, deberá encargar el servicio de catering a un restaurante o empresa especializada. Sin duda, alguno de sus amigos podrá aconsejarle al respecto. También puede consultar las páginas amarillas y pedir algunos presupuestos antes de elegir entre las distintas empresas. Como se trata de firmas especializadas, usted sólo tendrá que dar las directrices y comprobar que todo se hace según lo convenido.

Si se opta por el clásico banquete, tendrá mucho donde elegir entre hoteles y restaurantes cualificados. Si ha acudido a una agencia para la organización de la ceremonia, la misma se encargará también de organizar el banquete.

Para asegurarse de que todo está a punto, la tarde anterior deberá acudir, usted o quien se ocupe de este aspecto de la ceremonia, al lugar del banquete, y preparar la disposición de los asientos. Con este fin le será útil diseñar un esquema en el que señalará dónde se sentará cada invitado; este esquema le ayudará también en caso de variantes de última hora.

Por supuesto, en esta ocasión las personas de «mayor importancia» serán los novios. Por ello, en caso de mesa rectangular será la pareja festejada la que ocupe el lugar central y la mesa se colocará al fondo de la sala, de forma que todos los invitados puedan verles con comodidad. Si la mesa de los novios es redonda, se dispondrá, a ser posible, en el centro de la sala. Si son numerosos los invitados a los que debe dedicarse una atención particular, la mejor solución es organizar varias mesas de honor, una presidida por los novios y los testigos, otra por el padre de él y la madre de ella, donde se sentarán invitados importantes o parientes mayores, y otra mesa para la madre de él y el padre de ella, con otros invitados de categoría.

El banquete concluirá con la tarta nupcial, a la que seguirá el reparto de los obsequios por parte de los novios. Él sostendrá la bandeja, por lo general de plata y adornada con flores o lazos, de la que ella cogerá los obsequios y los distribuirá a cada comensal, reservando para cada uno unas palabras de agradecimiento y saludo.

Después de este último rito, los novios están autorizados a marcharse y el banquete puede considerarse oficialmente terminado. Sin embargo, lo más habitual suele ser dar paso al baile, en el que los novios, tras bailar el vals de rigor, se mezclan con parientes y amigos y prosiguen juntos la velada amenizados por la música.

Menú *Para un banquete de bodas suele preverse un menú «especial», que destaque lo irrepetible de la jornada. Sin embargo, a veces se exagera y se convierte la sucesión de platos en un pantagruélico maratón. En lugar de prolongar hasta el infinito una comida que al final resulta aburrida, conceda un poco más de tiempo a sus invitados para que se familiaricen unos con otros y conversen con usted, cosa difícil de hacer entre un plato y otro.*

En cuanto al menú, suelen servirse, después de un entrante, dos primeros completados con un consomé, y después un segundo a base de pescado y otro a base de carne. Para aligerar el banquete hoy en día se acostumbra a servir entre un segundo y el otro un sorbete de limón o de menta. Para los postres hará su entrada la tarta nupcial, que suele servirse acompañada de helado o con alguna variante, según los lugares. Últimamente las tartas nupciales suelen ser muy originales y llamativas, tanto en su forma como en su contenido, y resulta difícil renunciar a probarla...

Gastos

Hace años, y todavía hoy donde la tradición es intocable, los gastos de la boda se repartían con precisión para evitar discusiones entre consuegros y las correspondientes consecuencias. En la eficiente sociedad moderna existe mucha más flexibilidad y se tiene en cuenta sobre todo la funcionalidad y las respectivas posibilidades económicas. El reparto de los gastos es el clásico ejemplo donde el uso del sentido común por parte de los novios es fundamental.

¡No se puede obligar a los padres a correr con los gastos! Padres y suegros contribuyen según sus deseos y posibilidades, sin tener que incurrir en abiertas declaraciones de guerra que dañarían la felicidad de un matrimonio incluso antes de iniciar la vida conyugal.

Si sus condiciones no le permiten satisfacer todas sus exigencias enseguida, no la tome con padres o suegros; céntrese en lo esencial y deje lo demás para más tarde. Además, ahora la gente suele casarse cuando ya es mayorcita, por lo que se supone que la carrera profesional ya está iniciada y es más fácil que los novios sean más o menos capaces de arreglárselas solos. Si los padres pueden echar una mano mejor aún, pero no debe ser una obligación.

Es evidente que el tema del reparto de gastos puede tocar muchas y diversas circunstancias, por lo que debe ser resuelto por cada cual adaptándose a su propia situación.

Ejemplo tradicional de reparto de gastos

Familia de ella

- Ajuar personal de la novia
- Ajuar de la casa
- Invitaciones de boda
- Recuerdos
- Banquete
- Flores y ornamentación de la iglesia
- Eventual automóvil de la novia y de los invitados

Familia de él

- Alianzas
- Eventual automóvil para acudir a la iglesia
- Ramo de novia
- Donativo a la iglesia
- Viaje de novios
- Mobiliario de la casa

Testigos

Si valora su boda desde un aspecto esencialmente emocional, los testigos deberían escogerse entre los amigos o parientes a los que esté más vinculado desde el punto de vista afectivo. En cualquier caso, se trata de una decisión personal y cada cual hará sus valoraciones. Los testigos suelen ser cuatro, dos por cada uno de los contrayentes.

Se deberá avisar a la persona escogida al menos con un mes de antelación y, por corrección, esta deberá aceptar o rehusar lo antes posible. Recuerde que un probable testigo indeciso crea una situación embarazosa.

LA SEPARACIÓN

El concepto de matrimonio podría sintetizarse en la frase «hasta que la muerte os separe», y este debería ser efectivamente el estado de ánimo con el que se casan dos enamorados.

Sin duda, el amor para siempre, la unión para siempre, siguen siendo deseables, pero ya no se sobreentienden «a toda costa». La indisolubilidad del matrimonio ha sido siempre un pilar de la sociedad occidental, al menos hasta hace algún tiempo y sobre todo en el ámbito del catolicismo. Hoy en día la mentalidad general ha cambiado y la legislación se ha adaptado a necesidades y comportamientos muy distintos. Es más, tan distintos que asistimos a la actitud opuesta: «Hoy me caso contigo, pero si mañana ya no me interesas te dejo».

Una forma de coacción psicológica antes, una falta de compromiso quizá excesiva hoy. ¿Qué es mejor? Ni una ni otra: cada cual debe valorar su situación y responder ante sí mismo de sus propios actos, sin buscar justificaciones y con una clara visión de su auténtica realidad.

Una persona puede casarse con entusiasmo, segura de haber hallado su alma gemela, y luego, por una serie de circunstancias, darse cuenta de que no es así. Entonces se manifiestan con facilidad pánico y confusión, con el consiguiente sentimiento de culpa, o viceversa, se desencadena una tormenta de emociones cargadas de acusaciones contra el otro.

Como todo, la separación no es más que un hecho de la vida, que es mudable de por sí. Gran parte depende de la actitud mental y emotiva con la que se atraviesa esta circunstancia, difícil de afrontar en todos los casos. No tomaremos en consideración la infinita casuística de motivaciones y justificaciones que llevan a dos personas a separarse: para hacerlo se requeriría un volumen entero y tal vez no bastaría para explicar su complejidad. En cualquier caso, se hallen donde se hallen las raíces de su decisión, una vez tomada hay que afrontarla con todas sus consecuencias.

Separarse del cónyuge no significa necesariamente declarar una guerra: dependerá mucho de la distancia que sepa tomar respecto a las emociones y de la objetividad con la que valore las circunstancias. No hace falta decir que en estos casos suele ser muy difícil mantener el control de la situación y que de nada sirven los «buenos consejos». Dentro de lo posible, trate de no implicar en su desventu-

Si tiene que elegir entre varias personas que cumplen los requisitos, más o menos afectivos, para ser sus testigos, hágalo con atención y valorando la personalidad de cada cual. Quien deba ser excluido podría ofen-

ra a parientes y amigos, que seguramente ven los hechos con otros ojos y no saben qué actitud adoptar. Recuerde que no han sido ellos quienes han tomado una decisión, por lo que pueden tranquilamente mantener también buenas relaciones con la persona de la que usted se ha separado.

Si tiene hijos, su principal deber es no implicarlos en polémicas que sólo le afectan a usted; sepa llevarlos de forma armoniosa hacia la comprensión de una situación familiar distinta, que no quiere decir necesariamente inexistente. Para ellos papá y mamá deberán estar siempre presentes, aunque de una forma distinta que en la convivencia cotidiana.

Y en una circunstancia difícil como esta, ante todo muéstrese generoso. No se considere el centro alrededor del cual gira todo y recuerde que no es usted el único que sufre.

En caso de que no sea usted el protagonista directo de una separación, trate de no ponerse de parte de ninguno y empeorar así la situación. No aumente la dosis de quejas de una u otra parte repitiendo la frase acostumbrada «te lo había dicho» o «tienes toda la razón» o bien «haz valer tus derechos», pues ninguna de estas frases sirve de ayuda real.

Es preferible dar algún consejo constructivo que suavice las fuertes emociones del momento. Las cosas son lo que son, no hace falta cargar la mano sobre presuntas culpas de uno u otro.

Si es amigo de ambos, cuando se encuentre con ellos después de la separación muéstrese sencillo y natural: se trata de personas y no de medios individuos a los que falta la otra mitad. Si sigue viéndose con uno y con otra, hágalo con idéntica amistad hacia ambos, sin caer nunca en cotilleos y recriminaciones en contra de uno o de otro.

En caso contrario sería mejor optar de forma clara por uno de los dos y renunciar a ver al otro.

En cualquier caso, tenga paciencia con quien está atravesando este difícil momento, escuche pero intervenga sólo de forma positiva, aligerando en lo posible lo que sin duda se vive como una circunstancia dramática más allá de la voluntad de los cónyuges.

derse: a usted le corresponde tener hacia él algunas atenciones más durante la ceremonia. Si quiere, explíquele los motivos de su decisión, por ejemplo alegando alguna obligación ineludible para con los elegidos.

¿PAREJAS DE VERDAD O NO?

Hasta hace no mucho tiempo, situaciones que ahora se aceptan como «casi normales» se habrían visto con mirada indignada y reprobatoria. Nos referimos a las «parejas de hecho», es decir, relaciones en las que una pareja convive de forma estable pero sin establecer ningún vínculo formal, ni civil ni religioso.

Al tratarse de una decisión personal y, por lo tanto, relacionada con un compromiso ante todo con uno mismo, cada cual responderá de sus acciones ante su conciencia. Desde luego, la consistencia de un vínculo no depende de una aprobación externa, sino más bien de un sentimiento profundo que lleva a dos personas día tras día a compartir su vida conscientes del valor de su unión. Por ello, este tipo de decisión debe respetarse y considerarse al mismo nivel que un auténtico matrimonio, hasta el punto de que incluso la legislación está empezando a tener en cuenta esta circunstancia cada vez más extendida entre los jóvenes. Por otra parte, la posible ligereza con la que se afronta una convivencia es la misma con la que se puede contraer matrimonio: la raíz del compromiso está en el individuo y no fuera de él.

Otro caso de parejas no convencionales es el que se refiere a la homosexualidad. El tema es de gran actualidad en España a causa de la reciente aprobación de la ley que permite el matrimonio entre personas del mismo sexo. También en este caso se trata de decisiones estrictamente individuales. En cualquier caso, no le corresponde a usted dar opiniones sobre la sexualidad de otros, así que sepa valorar al individuo sin prejuicios ni viejos esquemas mentales. Un amigo o amiga puede llevar como mejor le parezca su vida de pareja, sin dejar de ser la persona simpática e inteligente que hace de él o de ella una agradable compañía.

El dolor atraviesa la vida

La vida es una gran sorpresa.
No veo por qué la muerte no podría ser una sorpresa aún más grande.
(Vladimir Nabokov)

¿Por qué excluir la muerte de la vida? Nada más imposible de lograr. Como es natural, ante la muerte cada uno reacciona de forma personal, condicionado por la emotividad más que por la educación, aunque también esta circunstancia requiera su formalidad.

Delante de los niños no haga de la muerte un fantasma oscuro, ya que criarlos con un enfoque realista y natural de la misma les ayudará en los momentos tristes de la vida.

En presencia de la muerte habrá personalidades que sientan la necesidad de exteriorizar hasta el exceso su dolor, del mismo modo que otras se encerrarán en sí mismas ante un acontecimiento imposible de elaborar a través de sus propias emociones.

Entre estas dos actitudes se situará una tercera, capaz de mantener el distanciamiento suficiente para llevar lo que podría denominarse la forma del dolor.

Ante una pérdida que le afecte y pueda trastornarle, debe valorar su reacción no en relación con quien ya no está, sino sobre todo tratando de entender qué significa para usted esa pérdida en realidad. No puede oponerse a la vida y tampoco puede oponerse a la muerte, que en definitiva es su otra cara. La aceptación, que no debe confundirse con la resignación, es una medicina cuyos resultados son increíbles para quien no la ha experimentado de forma directa. Por desgracia, la actitud más común en el ser humano es siempre la resistencia o la negación, incluso ante el inevitable misterio de la muerte.

Flores

No piense que las flores son sólo algo superficial, pues del mismo modo que se transforman en mensajes en los momentos de alegría también pueden hacerlo en los de dolor. Si se halla en la circunstancia de tener que organizar el entierro de un ser querido, cuide el aspecto amable de este acto, por muy paradójica que pueda parecer esta afirmación. La amabilidad es una actitud sencilla y natural, como las flores, y resulta más adecuada para la calma de la muerte que cualquier otra manifestación.

Consulte a un florista para conocer cuáles son las flores de la estación y escoja con él, para las flores que se depositarán sobre el féretro, una composición que le parezca adecuada para expresar sus sentimientos. Haga lo mismo en caso de que quiera encargar una corona para el funeral de un conocido o un amigo. Confíe a las flores sus sentimientos y no las convierta en un gesto de pura formalidad.

Funeral

El funeral es una ceremonia de despedida y la sociedad occidental lo representa como un momento de puro dolor, aunque el rito fúnebre incluye palabras de esperanza y reunión. Otras culturas lo viven de forma distinta, en algunos casos incluso con banquetes y festejos. En cualquier caso es el último acto en honor de alguien que ha vivido y se ha marchado, al menos como forma humana.

Si organiza un funeral deberá recurrir a una empresa especializada que se ocupará de todos los detalles ofreciéndole diversas soluciones según el dinero de que disponga. Como desde luego su afecto no se mide por el tipo de funeral que elija, no se angustie si no puede permitirse el mejor que le propongan. Se trata sólo de un aspecto formal que no guarda relación alguna con la esencia del momento que está viviendo.

Hoy en día muchas personas optan por la incineración, y si el difunto nunca expresó una opinión contraria podrá tener en cuenta esta solución.

También deberá ponerse de acuerdo con el párroco sobre la fecha y hora del rito religioso, siempre que no prefiera un funeral civil, en cuyo caso no está prevista la presencia de un sacerdote ni el rito en la iglesia.

Si ha publicado una esquela en el periódico los conocidos podrán participar en el funeral. Si por el contrario no quiere compartir este momento con personas a las que no está particularmente vinculado, puede publicar la esquela después del funeral.

Acoja con una actitud afectuosa a quienes quieren estar a su lado en este día tan difícil para usted, sin sentirse incomprendido en su dolor. Los sentimientos se comparten más de lo que cree, y a veces precisamente por parte de personas de las que no lo habría esperado.

Si se presenta en el funeral una persona con la que tuvo un disgusto en el pasado, no la trate con frialdad, ya que no puede evaluar el estado de ánimo con el que ha conocido la noticia del duelo que le ha afectado. La desaparición de alguien puede hacer reflexionar más que cualquier otra circunstancia. Y dé las gracias a quienes han participado en el funeral, a ser posible dándoles la sensación de que han servido de consuelo con su presencia.

Si participa en el funeral de una persona con la que tenía relaciones superficiales o de un pariente de su amigo, no exhiba sentimientos que no experimenta. Está allí como una forma de respeto hacia quien ha muerto o para compartir el dolor de sus familiares, así que no adopte actitudes de exagerada congoja. Ante el entierro de alguien no tienen sentido las actitudes forzadas: dé aquello de lo que sea capaz, con la máxima sencillez. Nada es tan sencillo y tan libre de artificio como la muerte.

En cambio, si participa en el dolor de un ser muy querido y no tiene palabras adecuadas para expresarse, bastará un abrazo para transmitir su emoción.

Huelga recomendar que no se participa en un funeral con la actitud distraída y desenvuelta de quien está dando un paseo. Para eso más vale que se quede en casa. Tampoco hace falta que se vista de gala para acudir a dar el pésame. Basta que su indumentaria sea sobria y no incluya tonos vivos que contrastarían con sus palabras de pesar.

Si tiene que enviar participaciones escritas sírvase del telegrama, de una nota o de una carta, según la relación que le una a la persona a la que se dirige. También en este caso muéstrese sencillo y exprese lo que siente (a este respecto, véase el capítulo «Comunicarse para sentirse cerca»).

De viaje

Cuando se siente la tentación de conocer las costumbres de los países extranjeros, hay que estar dispuesto a tropezar con ideas absurdas, muy distintas de las nuestras.
(Henri Beyle Stendhal)

En el imaginario colectivo el viaje representa la aventura, y así era efectivamente hasta hace poco tiempo. Nuestros abuelos soñaban leyendo historias de viajes y de aventureros, en las que se narraban las gestas de valientes exploradores de lugares a los que hoy nos trasladamos sin demasiados problemas.

Nuestra sociedad viaja y se desplaza a través de los continentes tanto por trabajo como por vacaciones. Los medios de transporte son cada vez más rápidos y eficaces, y el nivel de vida alcanzado, al menos en Occidente, permite que casi todo el mundo pueda realizar algunos viajes, cerca o lejos. Como es natural, ello conlleva también una adaptación de los comportamientos y de la forma de relacionarse con los demás.

De viaje, la primera norma que debemos cumplir es no quejarnos por las diferencias de costumbres, horarios y comidas, a los que por fuerza deberemos adaptarnos. Protestar y no querer renunciar a los propios hábitos, llevándose a cuestas quizá la cafetera y el jamón, es la antítesis de lo que representa el viaje, que es de por sí apertura hacia el descubrimiento de algo nuevo.

Por ejemplo, dicen las malas lenguas que en Estados Unidos, Alemania y Austria se come fatal. Nada más falso. Cada país tiene sus especialidades, relacionadas con el clima y con los productos alimenticios autóctonos, pero eso no significa que sean platos malos. La tan vituperada gastronomía inglesa ofrece excelentes sopas, rosbifs y pescados ahumados excelentes de verdad. ¡Ver para creer! Si donde ha echado el ancla no encuentra su amada taza de café, ¿por qué no probar las versiones locales de infusiones de flores y hojas? Sus papilas gustativas podrían recibir una agradable sorpresa. En cualquier caso, es señal de buena educación probar antes de criticar.

Es cierto que con la difusión de los viajes organizados, cuyas metas resultan bastante unificadas, se tiende a hallar un tipo de servicio internacional que se adapta a todos los gustos. Sin embargo, sería una verdadera lástima volver a casa sin un bagaje de nuevas experiencias, tanto sobre los productos alimenticios como sobre los hábitos de vida de los países que se han visitado.

VACACIONES SÍ, PERO...

Si viaja por trabajo estará acostumbrado a medir el equipaje según sus necesidades reales. En cambio, si sale de vacaciones infórmese sobre el clima del país al que se dirige y actúe en consecuencia. En cualquier caso, no se sobrecargue con un exceso de maletas que luego se transformará en un problema. Hay publicaciones especializadas en viajes en las que hallará información útil sobre lo que necesitará, teniendo en cuenta incluso los usos locales. Y si viaja a un país exótico o tropical durante el mes de enero, no regrese vestido como un pescador de Borneo, con bermudas y sandalias. Además de hacer el ridículo, se arriesgaría a coger una pulmonía.

Como es natural, al salir de su ambiente habitual hallará diferencias más o menos evidentes, sobre todo en los comportamientos, en especial si abandona Europa por otros continentes. En este caso, si considera a quienes están ante usted una especie de espejo en el que reflejarse y con el que compararse, el impacto con personas muy distintas podrá convertirse en una excelente ocasión de comprensión tanto de usted mismo como de los demás.

Antes de partir haga examen de conciencia, ya que también las vacaciones deben estar en sintonía con su personalidad. Es inútil querer ir al lugar que está más de moda si no le ofrece lo que le hace sentir relajado y a gusto. Si es una persona sedentaria y le alteran los imprevistos, escoja un viaje cómodo y bien organizado. Por el contrario, si no soporta viajar en grupo, puede permitirse algo más improvisado y aventurero. Además, escoger con sentido común hará que su compañía resulte agradable y apreciada, ¡pues nada irrita tanto como tirar de alguien que quisiera hacer otra cosa!

Avión y aeropuerto

Hoy más que nunca el aeropuerto simboliza tanto el dinamismo como la inquietud de la sociedad del tercer milenio. Así pues, organícese con todos los documentos necesarios para no hacer perder el tiempo de los empleados, sobre todo si tiene que tomar vuelos internacionales, sometidos en la actualidad a minuciosos controles.

Antes de concederse una compra en la tienda libre de impuestos asegúrese de haber completado todos los trámites de embarque, evitando las carreras y el correspondiente agobio en el último minuto.

No insista en querer llevar como equipaje todo su ajuar. Las normas de embarque se han hecho para ser cumplidas, ¡así que adáptese de buen grado! Y atención al equipaje de mano: la buena educación aconseja no ocupar con bolsas y bolsos (y esto vale sobre todo para la vuelta, cuando viaje «acompañado» de regalitos y recuerdos diversos más o menos voluminosos…) todo el espacio destinado no sólo a usted sino también a quienes comparten con usted el viaje.

Al recoger su tarjeta de embarque le asignarán un asiento. Pida en ese momento si es posible conseguir uno de su preferencia, por ejemplo junto a la ventanilla, y luego adáptese a las disponibilidades. No queda bien hacerse el tonto y ocupar el sitio de otro con la excusa de una involuntaria distracción. Es posible que le hayan asignado un asiento central. En tal caso deberá renunciar al panorama y conformarse con lo que pueda ver. En cualquier caso, no se pegue a la persona que va sentada junto a la ventanilla, echándole el aliento en el cuello mientras intenta conseguir su objetivo.

Durante su primer viaje en avión trate de no dejarse llevar por la ansiedad ni por un exceso de euforia. Hoy en día se trata de un medio de transporte normal y, según las estadísticas, la probabilidad de accidente es mucho más baja que a bordo de un automóvil. Si, por el contrario, es un cliente habitual de las compañías aéreas, no mire con suficiencia a quien le parece un «verdadero inútil»; mejor será que le eche una mano si le da la impresión de que tiene problemas.

Como cualquier medio de transporte, también el avión dispone de un espacio limitado, y dentro de ese límite deberá conjugar, durante pocas o muchas horas, su vida con la de los demás. Así pues, evite la impaciencia, que no sirve de nada; si quiere que el viaje resulte mucho más agradable, muéstrese tolerante y amable.

Las azafatas y asistentes de vuelo son profesionales acostumbrados a tratar con personas de todo tipo, pero no debe aprovecharse de su cortesía y pedir peras al olmo: está en un avión y no en un hotel de cinco estrellas.

Si se ha embarcado en un vuelo transcontinental, es posible que pase la noche entre las estrellas y, aunque los grandes aviones incluyen butacas cómodas, es probable que no pueda abandonarse en brazos de Morfeo como haría en su cama. También en este caso intente no molestar a quien está a su lado. Es mejor que utilice los cascos y escuche un poco de buena música para relajarse. De todos modos no hay muchas alternativas, así que es mejor aceptar la situación sin ponerse nervioso.

Atención al tabaco; en el avión no se fuma. Si es usted un fumador empedernido, llévese una buena reserva de caramelos y… de paciencia.

Tanto en el avión como en el aeropuerto será fácil que tropiece con idiomas que no conoce. Mantenga la calma y recurra a su habilidad mímica, sin sentirse ridículo o incómodo. Recuerde que en estas situaciones un diccionario de bolsillo puede ayudarle, del mismo modo que una buena sonrisa puede sacar de apuros en cualquier rincón del mundo.

Agencia de viajes

La agencia de viajes, servicio más de actualidad que nunca, es en cierto modo como el país de los juguetes para un niño. Allí se le ofrece el viaje de sus sueños, pero ¿cómo elegir entre tanta abundancia?

En primer lugar acuda a una agencia de confianza que le ofrezca garantías de seriedad. En segundo lugar, antes de cruzar el mágico umbral, trate de tener claros, al menos a grandes rasgos, los puntos fundamentales a tratar: coste, características del viaje y del lugar de destino y modalidad de permanencia. Si sus deseos son aún vagos y oscilan entre las islas Barbados y los hielos de Groenlandia, antes de obligar al personal de la agencia a darle un curso de geografía socioeconómica recoja varios catálogos publicitarios y hojéelos con tranquilidad. Sólo cuando su radio de acción se haya reducido vuelva a la agencia para conocer más detalles.

Muéstrese siempre cortés, sin impacientarse si la persona que le atiende, que está esforzándose desde hace una hora, no posee la varita mágica para resolver todas sus exigencias. A veces no es posible cumplir todas las expectativas. Sobre todo en los periodos de mayor afluencia, las agencias de viaje son literalmente tomadas al asalto, así que tenga la precaución de mostrarse siempre claro y conciso en sus demandas evitando inacabables aclaraciones con la consiguiente pérdida de tiempo. Cuando haya establecido qué le conviene podrá afrontar la búsqueda de coincidencias entre vuelos, alquiler de coche y disponibilidades hoteleras.

A veces es posible que se interponga algún contratiempo entre usted y las anheladas vacaciones. No por eso deberá ponerse a gritar al empleado de la agencia que le informa de la supresión de un vuelo o de que se ha retrasado su viaje. Acéptelo sin protestar y dedique sus energías a la búsqueda de una solución. Y aunque el contratiempo sea causado por un descuido de la agencia, sepa reaccionar con el distanciamiento que caracteriza a toda persona dueña de sí misma. Expresar disgusto y desacuerdo con elegancia es un arte poco frecuente que puede obtener un efecto mucho mayor que los groseros ataques de ira.

Automóvil

Viajar en automóvil reserva la gran ventaja de la independencia respecto a lugares y horarios obligados: podrá pararse y proseguir donde y cuando más le guste, y dispondrá de la libertad de poder lle-

- Viajar en compañía permite compartir los gastos y alternarse al volante, ventajas nada despreciables. En este caso escoja muy bien a las personas con las que compartir el viaje, valorando no sólo si se avienen con usted, sino, sobre todo, entre sí. En el automóvil, más que en otros lugares, deberá adaptarse a sus compañeros de viaje, dado que en la mayoría de los casos no le resultará fácil bajarse y volver a casa a pie... Por ello, la elección es muy importante. Recuerde además que compartir un pequeño espacio puede servir tanto para dar origen a espléndidas amistades como para crear incurables enemistades; depende de usted.
- Cada vez que surjan diferencias de opinión evite pensar en adaptarse al otro. Como no es probable que se esté jugando el honor, defienda su postura con calma y a ser posible con una sonrisa, por supuesto no de sarcasmo. No construya muros donde no es necesario, si no quiere pasarse el resto del viaje de morros. ¡Casi nunca merece la pena!

H De viaje con los demás: algunos consejos

- Un viaje con los amigos puede hacerse inolvidable si procura evitar incomprensiones y vanas polémicas. Para ello, escojan juntos el itinerario y las principales etapas, tratando de contentar a todos los gustos. Si en líneas generales acuerdan primero este esquema, evitará perder tiempo en discusiones cada vez que se encuentren en un cruce.
- A menos que también los demás sean fumadores, espere a pararse en una zona de descanso para dar rienda suelta a su necesidad. Así se ahorrará dinero y salud.
- Si se sale de viaje en automóvil, resulta evidente que el propietario del coche tendrá que correr con los gastos de la revisión del vehículo y encargarse de comprobar que toda la documentación está en regla. Del mismo modo, cada pasajero deberá hacer lo mismo con sus documentos personales para no incurrir en fastidiosos contratiempos.

varse cómodamente tanto el equipaje personal como lo que pretenda comprar durante el viaje. Por otra parte, hay que decir que los viajes largos en automóvil se convierten para el conductor en un considerable motivo de estrés. Los traslados por motivos de trabajo suelen incluir el reembolso de los gastos y requerir poca fantasía por su parte. En cambio, si viaja por diversión puede organizarse a fin de evitar algunos inconvenientes.

No se obligue a etapas forzadas, sobre todo si está cansado o acaba de comer tal vez con un delicioso vinito. Sepa disfrutar de algunas paradas sin sentimientos de culpa. Los que siempre van acelerados se pierden muchas veces lo mejor de la vida.

Si va al volante y sufre la «afrenta» de un adelantamiento, no se ponga a competir tratando de adelantar también. No le espera ningún aplauso e incluso se arriesga a sufrir un accidente, poniendo en peligro su vida y la de los demás.

Recuerde que la bocina no hará desaparecer por arte de magia el atasco en el que se ha quedado bloqueado, y en cambio infligirá un suplicio a sus propios tímpanos y a los de los demás.

Si le gusta inmortalizar panoramas, no frene bruscamente al ver una preciosa puesta de sol, ya que el conductor que le sigue podría no tener un interés tan romántico en el asunto y, sobre todo, verse obligado a hacer una peligrosa maniobra para evitarle. Y cuando coma patatas fritas o cosas parecidas, no se haga el distraído y tire las bolsas por la ventanilla: la carretera no es un vertedero y un país limpio le honra también a usted.

Si encuentra un automóvil averiado, evalúe si conviene parar. Hoy en día, con la comodidad de los teléfonos móviles, todo el mundo puede llamar con facilidad a un número de socorro y recibir la ayuda necesaria. Sin embargo, si los pasajeros del automóvil parado le indican por señas que tienen problemas, acérquese para valorar la situación. Sin duda, la indiferencia puede evitarle algunas molestias, pero desde luego no es indicio de sensibilidad. En definitiva, el automóvil es sólo un medio mecánico, pero es usted quien le da un estilo: ¡el propio!

Autoestop

Es muy difícil dar sugerencias sobre este tema, salvo las dictadas por el sentido común. Un exceso de confianza podría conllevar un riesgo inútil; por el contrario, la desconfianza hacia todo aquel que pide que le lleven puede impedirle echar una mano a alguien que tiene problemas de verdad.

En primer lugar, por obvios motivos de seguridad, el autoestop en la autopista está prohibido. Sin embargo, podemos encontrar autoestopistas en las áreas de descanso. En este caso evalúe quiénes son y, si no le molesta llevar a unos extraños, podría incluso resultar agradable tener compañía durante un tramo del viaje. Muchos jóvenes utilizan este sistema para ahorrar en los desplazamientos de una ciudad a otra. En cualquier caso no subestime el riesgo de un posible accidente con consecuencias para quien le acompaña. ¿Tiene una póliza de seguros que cubra esta eventualidad?

En cambio, si va solo en el coche, es la una de la mañana y alguien de aspecto poco tranquilizador le pide que le lleve... Bueno, tal vez es mejor pensárselo, no una sino diez veces, y luego proseguir su camino.

Es distinta la situación en zonas poco habitadas o pueblos pequeños, donde los transportes públicos no presentan la frecuencia que ofrecen en torno a los centros urbanos y perder el autobús de primera hora de la tarde puede suponer tener que esperar durante horas el siguiente.

Está claro que en este caso un automovilista que se ofrece amablemente a llevar al desafortunado hasta su destino le parece el buen samaritano... Así pues, situaciones tan diversas requieren valoraciones diferentes. No es necesario que se transforme en un taxista, pero tampoco se atrinchere detrás del pensamiento «¡no paro en ningún caso!». Nunca se sabe, tal vez algún día se quede usted sin vehículo y tenga que esperar a que pase un automovilista cortés.

Barco

Salvo las excepciones de quienes, por ejemplo, tienen algún problema particular con el avión, hoy en día se suele subir a un barco sobre todo para disfrutar de un crucero, por lo que el ambiente será muy animado.

Su comportamiento a bordo no diferirá demasiado del habitual en cualquier otra situación. Llegados a este punto ya debe tener claro que el comportamiento no es sino una forma de ser, y por lo tanto independiente de las circunstancias externas. A bordo de un barco buena educación significa intercambiar sonrisas y charlar con todo el mundo sin mostrarse inoportuno ni pesado. Tomar con alguien un aperitivo o sentarse a la misma mesa no significa imponer interminables conversaciones.

Sin duda, un viaje por mar es una ocasión más que favorable para hacer amistades, siempre que no caiga en chismorreos, ostentaciones o comparaciones. No persiga a nadie para obligarle a hablar con usted, ni se coloque al acecho en los lugares más insospechados para sorprenderle de improviso y cortarle la fuga.

Si comparte el camarote, atención en cualquier caso al respeto de la intimidad ajena: nunca se muestre poco discreto acaparando todo el espacio disponible o curioseando entre las cosas de sus compañeros. Mantenga cierto orden sobre todo entre los objetos de aseo, las toallas y lo que forma parte del uso personal: no le gusta a todo el mundo compartir la misma toalla o el mismo peine, y se crearía una situación incómoda si obligase a los demás a hacérselo notar. Esto no tiene nada que ver con el cariño o la amistad, que no son por fuerza sinónimo de compartirlo todo, por lo que sería ridícula una actitud resentida por parte de usted.

Si es la primera vez que embarca asegúrese de que no se marea en el mar. Aunque los modernos transatlánticos están estudiados para evitar el temido inconveniente, no han eliminado del todo esta fastidiosa eventualidad. Si es necesario, proveáse de medicamentos adecuados o acuda a la enfermería de a bordo, sin vagar como un espíritu inquieto entre los demás navegantes.

Llévese la indumentaria necesaria para cada ocasión, ya que la vida a bordo incluye fiestas y entretenimientos diversos, así como actividades deportivas. Ante la indecisión infórmese con alguien que haya hecho ya ese crucero o en la agencia de viajes.

En el comedor y otras zonas comunes no ostente una actitud de «pirata de los siete mares», no encadene un chiste con otro ni narre las épicas gestas de su vida, porque de la simpatía pasaría muy pronto al aburrimiento. La exageración, en cualquier caso o situación, nunca va de la mano con la elegancia.

Tren y estación

¿Qué ha sido de la jadeante locomotora que parecía tirar de sus vagones con esfuerzo? Ha acabado en los recuerdos de los abuelos o en los cuentos de los nietos. Las locomotoras del siglo XXI son jóvenes y ágiles, con esbeltas líneas aerodinámicas que las asemejan a flechas apuntadas hacia el futuro. Si quiere disfrutar de un viaje sin problemas de tráfico y mal tiempo, recurra al tren y relájese hasta su destino.

Procure llegar a la estación con algo de antelación respecto a la hora de salida. Así podrá comprar el billete con calma (lo más probable es que si va con el tiempo justo se encuentre con largas colas que podrían impedirle sacar el billete a tiempo), buscar la vía que le interesa y, si no ha reservado, hallar un asiento cómodo. Como además las estaciones son un hormigueo de personas que arrastran equipajes de todo tipo y tamaño, si llega corriendo en el último momento podría sufrir molestas colisiones. Recuerde que hoy en día puede elegir entre diversas alternativas para la compra del billete: agencias de viajes, distribuidores automáticos que encontrará en la estación y también la página web puesta a disposición por la compañía de ferrocarriles.

Si tropieza con una huelga, no intente salir justo ese día si puede evitarlo. Se arriesgaría a sufrir interminables esperas y contratiempos. Más vale dejarlo para el día siguiente. De lo contrario, también en este caso acepte la situación con la mayor serenidad posible. Es conveniente aceptar las cosas que no podemos cambiar, por nosotros mismos pero también por los demás.

Después de subir al tren, si tiene el asiento reservado no habrá problemas, a menos que lo encuentre ocupado por algún despistado. En tal caso no efectúe una inmediata declaración de guerra. Muestre su reserva y pida con amabilidad que le dejen libre el sitio. Verá lo fácil que resulta que una petición cortés sea atendida.

En cuanto al equipaje, haga lo posible para limitar el número y tamaño de las maletas. Es muy poco amable ocupar todo el lugar disponible sólo con sus maletas o atravesar el compartimento cargado como nunca y «embistiendo» a los demás pasajeros...

En previsión de un viaje largo, llévese algo agradable para pasar el tiempo, por ejemplo ese libro que nunca encuentra el momento de leer. Esta será la ocasión perfecta para hacerlo. En cualquier caso, es difícil que se aburra en el tren si sabe relajarse y pasar algún tiempo con sus propios pensamientos disfrutando del panorama al otro lado de la ventanilla. Además no estará solo en el compartimento y es fácil que surja la oportunidad de conversar un poco.

Y aquí sale a colación la vieja cuestión de la personalidad de cada uno y de los prejuicios que nos forjamos sobre nosotros y sobre los demás. Una pequeña sugerencia es no juzgarse a priori a usted mismo ni juzgar a los demás dándolo todo por sabido. A veces quien suele ser hablador puede volverse taciturno en una situación particular, y al contrario. Así pues, deje que cada momento y situación se revele por sí misma. Si surge una conversación agradable, diviértase intercambiando cuatro comentarios: a veces se escuchan opiniones interesantes justo de conocidos ocasionales. En cambio, si tiene la sensación de que hablar sería forzado, abandone la conversación con amabilidad, por ejemplo poniéndose a leer. Nunca sea pesado, pero tampoco hostil.

Si el viaje es largo y no quiere acudir al vagón restaurante, nada le impide tomar un tentempié. En los trenes de largo recorrido, en caso de que no vaya preparado, pasa varias veces un empleado del tren con bocadillos, refrescos y café. En cualquier caso evite comidas grasientas o sándwiches untados de salsas que tenga que perseguir por todas partes, así como pastas de las que se deshacen en una multitud de migas. No hace falta recordar que las sobras y los envases deberán tirarse en un cubo de basura.

Nada garantiza que quienes viajan con usted tomen las mismas precauciones, así que puede verse invadido por una familia entera especialmente «chispeante» que transforme el compartimiento en un prado para picnic. No se impaciente ni les mire como si fuesen restos prehistóricos. Según el caso ignórelos o esboce una sonrisa, pues se trata de una convi-

vencia limitada y no de una catástrofe ambiental. Si viaja en compañía de un amigo o una amiga no se pongan a hablar en voz baja como conspiradores o a intercambiar confidencias que puedan hacer que se sientan incómodas las personas que les escuchan. La elegancia no necesita un código para expresarse, sino que se adapta con buen humor y sentido común a las diversas situaciones.

Coche cama y literas

Al reservar un coche cama podrá disfrutar de casi todas las comodidades de una habitación de hotel. Como en todas las demás ocasiones similares, evite dejar huellas indelebles de su paso.

Si viaja en vagones con literas, la intimidad no está garantizada, por lo que deberá atenerse a las normas de la atención y el respeto por los demás. Por ejemplo, deje la elección de la litera a la persona más mayor y espere en el pasillo hasta que se haya acostado. No es momento de ponerse el pijama; limítese a algo cómodo y fácil de poner y quitar. Procure dejar los zapatos donde no molesten con desagradables efluvios. Es evidente que durante la noche tratará de dar las menores molestias posibles.

Tener que compartir con extraños un espacio limitado donde pasar la noche crea en todo el mundo cierta incomodidad, así que trate de mostrarse natural y de ese modo también los demás se sentirán a gusto. Infórmese con amabilidad sobre las posibles necesidades de quienes pasarán esas horas de descanso con usted y deséeles buenas noches antes de acostarse.

Vagón restaurante

En el vagón restaurante resultan válidas las mismas normas en uso para los restaurantes tradicionales, con algunas precauciones adicionales, dado que es posible que haya que compartir la mesa, por lo general bastante pequeña, con otros viajeros. En este caso, ya que tienen que pasar juntos un lapso de tiempo relativamente largo, se saludará a todo el mundo, aunque sin pretender luego una conversación no solicitada.

Muestre alguna pequeña amabilidad, que siempre es apreciada, como servir el agua o el vino, ofrecer el queso o pasar el aceite. Si surge de forma espontánea una conversación más articulada, lo cual es fácil en estas circunstancias, participe en ella pero evite lanzarse a ásperas críticas sobre el menú o el cocinero: recuerde que la cocina de un tren no puede ofrecerle una comida propia de la Guía Michelín.

Y en el momento de pagar la cuenta no salga con exclamaciones hiperbólicas: ha disfrutado de un servicio, así que páguelo de buen grado.

La vida sencilla

«Otra causa relevante de preocupación consiste en asumir una actitud estudiada, no mostrarse como uno es. En efecto, es un tormento estar siempre controlándose con el temor de ser sorprendido en una actitud distinta de la habitual. Y nunca nos liberaremos de las preocupaciones si pensamos que los demás nos juzgan cada vez que nos miran. Son muchas las ocasiones que, contra nuestra voluntad, muestran cómo somos en realidad; en cualquier caso, aunque consigamos ejercitar el autocontrol, desde luego no es una vida agradable ni tranquila la de quien se esconde tras una máscara.

»¡Cuánta alegría nos produce en cambio esa sencillez natural, sincera y simple que no esconde su propia naturaleza! No obstante, también esta forma de vivir corre el riesgo de no ser apreciada, porque la gente se aburre de lo que está demasiado al alcance de la mano. Pero la virtud no corre ningún riesgo de perder su valor si todo el mundo la ve, y en cualquier caso es mejor que nos desprecien por la sencillez que atormentarnos con una continua simulación.

»Sea como fuere, tratemos de hallar la justa medida también en este aspecto: existe una gran diferencia entre vivir con sencillez y vivir con descuido.»

(Lucio Anneo Séneca, De la tranquilidad del alma)

www.ingramcontent.com/pod-product-compliance
Lightning Source LLC
Chambersburg PA
CBHW052128270326
41930CB00012B/2798